NZZ **Libro**

[DIE NEUE POLIS]

Herausgegeben von Astrid Epiney, Dieter Freiburghaus, Kurt Imhof und Georg Kreis

DIE NEUE POLIS ist Plattform für wichtige staatsrechtliche, politische, ökonomische und zeitgeschichtliche Fragen der Schweiz. Eine profilierte Herausgeberschaft versammelt namhafte Autoren aus verschiedenen Disziplinen, die das Für und Wider von Standpunkten zu aktuellen Fragen analysieren, kontrovers diskutieren und in einen grösseren Zusammenhang stellen. Damit leisten sie einen spannenden Beitrag zum gesellschaftspolitischen Diskurs. Vorgesehen sind jährlich zwei bis drei Bände im handlichen Format und wiedererkennbarem Auftritt für ein breites am aktuellen Zeitgeschehen interessiertes Publikum.

Verlag Neue Zürcher Zeitung

Bürgertugend und Willensnation
Über den Gemeinsinn und die Schweiz

Georg Kohler

Verlag Neue Zürcher Zeitung

Bibliografische Information der Deutschen Nationalbibliothek
Die Deutsche Nationalbibliothek verzeichnet diese Publikation in der Deutschen Nationalbibliografie; detaillierte bibliografische Daten sind im Internet über http://dnb.d-nb.de abrufbar.

© 2010 Verlag Neue Zürcher Zeitung, Zürich

Reihen- und Umschlaggestaltung: unfolded, Zürich
Satz: Marianne Otte, Konstanz
Druck: Druckhaus Nomos, Sinzheim

Dieses Werk ist urheberrechtlich geschützt. Die dadurch begründeten Rechte, insbesondere die der Übersetzung, des Nachdrucks, des Vortrags, der Entnahme von Abbildungen und Tabellen, der Funksendung, der Mikroverfilmung oder der Vervielfältigung auf andern Wegen und der Speicherung in Datenverarbeitungsanlagen, bleiben, auch bei nur auszugsweiser Verwertung, vorbehalten. Eine Vervielfältigung dieses Werkes oder von Teilen dieses Werkes ist auch im Einzelfall nur in den Grenzen der gesetzlichen Bestimmungen des Urheberrechtsgesetzes in der jeweils geltenden Fassung zulässig. Sie ist grundsätzlich vergütungspflichtig. Zuwiderhandlungen unterliegen den Strafbestimmungen des Urheberrechts.

ISBN 978-3-03823-613-9
www.nzz-libro.ch
NZZ Libro ist ein Imprint der Neuen Zürcher Zeitung

Vorwort

Aus ganz verschiedenen Gründen funktionierte die Schweiz lange höchst erfolgreich. Einer der Faktoren für dieses Gelingen war das, was – unbestimmt genug – politische Kultur heisst. Wie immer man diese, empirisch-sozialwissenschaftlich nicht leicht zu definierende Grösse zu fassen versucht: am Begriff und am Problem des Gemeinsinnes ist in ihrem Kontext nicht vorbeizukommen.

Nun ist unbestreitbar *ein* Ergebnis des Jahres 2009, dass es zumindest fraglich geworden ist, ob die Schweiz tatsächlich noch «gut funktioniert». Naheliegend ist daher der Gedanke, dass es mit dem hiesigen Gemeinsinn und der republikanischen politischen Kultur entsprechend schlecht steht. Indikator für solche Befunde ist etwa der nicht gerade glänzende Zustand des auf die Milizidee gegründeten eidgenössischen Volksheeres.

Eine der leitenden Thesen des vorliegenden Essays ist die Annahme, dass das eine zu schlichte Diagnose über die Herkunft der Schweizer Schwierigkeiten ist. Denn «Gemeinsinn» meint ja nicht bloss die subjektive Bereitschaft der Einzelnen, zugunsten kooperativer Leistungen auf persönliche Vorteile zu verzichten. Gemeinsinn braucht, um wirksam werden zu können, intersubjektiv geteilte, inhaltliche Vorstellungen von dem, was das eigene Land ist; was seine Stellung in der Welt definiert; wie wichtig diese Besonderheiten für die Bürger und Bürgerinnen sind; welche Elemente den Kern des nationalen Basiskonsens bilden sollen. – All dies ist seit zwanzig Jahren, nach dem Ende des Kalten Krieges, hierzulande unsicher geworden, aber in seiner Zerbrechlichkeit lange verborgen geblieben.

Dass die Schweiz – um das abgenutzte Wort noch einmal zu verwenden – in einer Identitätskrise steckt, stecken *muss*, wurde zwar seit dem Mauerfall und dessen Folgen immer wieder analysiert, wahrhaft angekommen im öffentlichen Bewusstsein ist dieses Faktum aber erst im Zeitpunkt, da sich die Schweiz auf jener ominösen schwarz-grauen Liste der OECD fand, die schonungslos deutlich machte, dass die alten Selbstbehauptungstaktiken des Landes die nötige Kraft verloren hatten: das Konzept einer bewaffnet neutralen, das Bank-, böse gesagt, ihr Steuerhinterziehungsgeheimnis hütenden, globalökonomisch betrachtet, finanziellen Mittelmacht, die sich als Kleinstaat kaschiert, der politisch am liebsten im extraterrestrischen Raum schweben möchte, das war nun – im In- wie im Ausland – endgültig unglaubwürdig geworden.

Die Konsequenz der erwähnten Einsicht bedeutet, dass über die Frage, worin unsere tragenden kollektiven Überzeugungen bestehen können, schon lange ein grundsätzlicher Konflikt aufbrechen musste oder, genauer gesagt, *sollte*.

Wirklich offen wurde dieser Konflikt nie geführt. Denn die für das Selbstverständnis der Nation entscheidende Auseinandersetzung mit den ideenpolitischen Prämissen der *Confoederatio Helvetica* findet allein indirekt statt; in der Beschäftigung mit den Dezisionsnotwendigkeiten des sogenannten «Bilateralismus» zum Beispiel oder durch Bekundungen kollektiven Missbehagens wie jüngst mit dem europaweit vernommenen Ja zur «Minarettinitiative».

Jedem Beobachter, der die Schweiz gleichermassen interessiert wie nüchtern und aus einiger intellektueller Distanz betrachtet, ist indes klar, dass der Kulturkampf um die künftige Identität der Eidgenossenschaft zwar spätestens mit der Abstimmung über den EWR-Vertrag im Dezember 1991 begann, jedoch erst mit den Ereignissen im Frühling 2009 jene Verschärfung erfahren hat, die die Wahrnehmung seiner Wirklichkeit und Dringlichkeit nicht mehr länger verdrängen lässt.
Allerdings: Wer über die Probleme von Gemeinsinn und Bürgertugend, diesen heutzutage gerne unterschätzten Quellen gelingender Nationalstaatlichkeit, ganz generell nachdenkt (was ja das erste Thema des vorliegenden Essays ist), der wird über das Faktum unserer aktuellen Selbstverständigungskonflikte nicht besonders erschrocken sein. Eher ist das Gegenteil, nämlich erfreute Kenntnisnahme, fällig; aus dem einfachen Grund, dass die Vitalität einer politischen Gemeinschaft sich am besten im gemeinsamen Streit über die eigene künftige Gestalt beweist und erneuert. Gemeinsinn muss allemal etwas anderes sein als Diskursfaulheit und Konsensgläubigkeit. Das ist es im Übrigen, was ich im Essay die «Hirschman-These» nenne.

Der Schritt vom einen zum anderen, vom Generellen zum Speziellen, von der Kategorie des *citoyen* und der «Bürgertugend» zur Betrachtung der Schweiz und ihrer jüngsten Geschichte der letzten zwanzig Jahre, wird so zwanglos möglich. Und möglich bleibt dadurch die Zuversicht, dass sich das Land gerade im Streit über die eigene Zukunft neu (er)findet, um das zu bleiben, was es seit Langem ist: eine wahrhafte Demokratie.

Zürich, im Dezember 2009

Inhaltsverzeichnis

[1]
Ein anrüchiger, gemeingefährlicher Begriff ...
Seite 15

[2]
Hobbes und die Natur des Naturzustandes
Seite 19

[3]
Camorra oder Wie wir Mörder werden
Seite 25

[4]
Zwei Atome eines Moleküls
Seite 29

[5]
Bourgeois und Citoyen. Was meint «bürgerlich»?
Seite 33

[6]
Morale Albertiana oder Das entfremdete Gemeinwohl
Seite 39

Inhaltsverzeichnis

[7]
Die Wahrheit des Zerrspiegels
Seite 45

[8]
Begriffe des Gemeinsinns
Seite 49

[9]
*Staatsbürgersinn, Patriotismus,
Nation und Staat: ein Plädoyer*
Seite 53

[10]
Common sense und die Hirschman-These
Seite 59

[11]
*Das Modell «Willensnation» und die
«deliberative Demokratie»*
Seite 63

[12]
Was ist das, ein «Land»?
Seite 67

[13]
*Die Krise der Nationalstaatlichkeit.
«La Suisse n'existe plus»*
Seite 71

Inhaltsverzeichnis

[14]
Das schreckliche Jahrzehnt oder Der postindustrielle Bruch
Seite 77

[15]
Die fällige Aufgabe: Renovation der Grundlagen
Seite 83

[16]
Kulturkampf um die Neubestimmung des Landes
Seite 89

[17]
Die aktuelle Form der Willensnation: vom starren Konsens zum beweglichen Diskurs
Seite 93

[18]
Anmerkungen
Seite 97

[19]
Der Autor
Seite 105

[I]
Ein anrüchiger, gemeingefährlicher Begriff ...

«Gemeinsinn» ist ein Begriff, der es schwer hat. Jedenfalls dann, wenn man ihn nicht sofort aus dem Deutschen ins Englische übersetzt. *Common sense* wäre zwar die ziemlich exakte semantische Übertragung des deutschen Ausdrucks in die ihm entsprechenden englischen Elemente: *Common* bedeutet «allgemein», «verbreitet» und *sense* bezeichnet, was ebenfalls das deutsche «Sinn» zum Inhalt hat – ein unmittelbares Wahrnehmungs- und Beurteilungsvermögen, das zu uns Menschen so selbstverständlich gehört wie jene fünf Sinne, die uns als empfindende Lebewesen markieren. Aber während *common sense* eine sehr allgemeine Bedeutung hat und nebenbei allerlei angenehme Assoziationen herbeiruft (wie diejenige eines intelligent-lebenstüchtigen Inhabers weltfähiger Klugheit), sind mit seinem deutschen Pendant sowohl unerfreuliche Vorstellungen verknüpft wie zweitens die Tatsache, dass das Wort «Gemeinsinn» fast nur in der engeren Bedeutung einer spezifischen sozialen Haltung gebraucht wird.

Bereits im Bestandteil «Gemein-» steckt im Übrigen, rein akustisch, etwas Widerliches, und der vollständige Ausdruck ist im Lauf der Zeit in wortfeldmässig zweifelhafte Nachbarschaften geraten. Das reicht vom nationalsozialistisch verseuchten «gesunden Volksempfinden», das sich im völkischen «Gemeinsinn» endlich die längst fällige Entschiedenheit und Macht verschaffen soll, bis zu jenem bösartig-dümmlichen «gemeinen Menschenverstand», der sich in Karl Kraus' *Letzte Tage der Menschheit* so ausgiebig wie schauderhaft zu Wort melden darf. Kein Wunder also, dass – in aller Regel – von «Gemeinsinn» heutzutage nur sehr vorsichtig Gebrauch macht, wer über eine gewisse Sprachsensibilität verfügt – sofern er nicht von Anfang an jeden Rekurs auf diesen Begriff für hoffnungslos veraltet, ja für geradezu «gemeingefährlich» hält.

Gemeinsinn = gemeingefährlich: Es ist der bekannte deutsche Politologe *Claus Offe*, der diese Gleichung aufstellt, wenn er auf jene Sachverhalte zu sprechen kommt, die den Ruf nach «staatsbürgerlicher

Verantwortung» und «solidarischem Handeln» oder eben nach «Gemeinsinn» laut werden lassen. Um gerecht zu sein, ist bei Offes Kritik allerdings noch an eine, auf den ersten Blick unauffällige, aber systematisch wichtige Unterscheidung zu erinnern.

Offes Verdikt gilt nämlich weniger dem Begriff des «Gemein*sinnes*», als vielmehr der Kategorie des «Gemein*wohls*». «Gemeingefährlich» sei diese, weil sie sehr leicht zum Vehikel beliebiger Gruppeninteressen, also zum Instrument der Verschleierung von im Grunde ganz und gar partikularen, alles andere als für alle fairen Ansprüchen werden kann. «Vaterländische», ethnisch-nationale oder patriotische Gemeinwohldefinitionen konnten ja immer schon, in vielfacher Weise, ideologisch missbraucht werden. Dabei ist gar nicht gleich an bellizistische Manöver zu denken. Ans «Gemeinwohl» appellieren im normalen innenpolitischen Verteilungskampf um Subventionsprivilegien, Steuererleichterungen oder Kartellschutzregulierungen alle, die hier etwas für sich herausholen möchten. – Um nicht immer bloss die Bauernverbände zu bemühen, verzichte ich auf exaktere Exempel; doch wer aufmerksam die Berichte über durchschnittliche Parlamentsdebatten liest, wird sich rasch eine Beispielliste zusammenstellen können.

Zweitens wird die Gemeinwohlidee aber auch sehr schnell zugunsten scharfer, tendenziell konfliktfördernder In/Out-Separierungen eingesetzt. Das geschieht heute umso leichter, als unter den Bedingungen der Gegenwart das lange Zeit als vollkommen selbstverständlich angenommene Bezugssubjekt aller Gemeinwohlsuche, -bestimmung und -erhaltung, nämlich die nationalstaatliche Demokratie, ziemlich undeutliche Konturen erhalten hat:

«Der auf den Binnenraum des Nationalstaates gerichtete Gemeinwohlbegriff wird in dem Masse unscharf und bestreitbar, in dem es entweder aussenstehende Betroffene gibt, die negative externe Effekte juristisch einklagen können (z. B., wie in der EU, bei suprastaatlich sanktionsfähigen Gerichtsinstanzen), oder wenn die interne Differenzierung der Angehörigen einer politischen Gemeinschaft und mithin die Pluralität von Wertüberzeugungen so anwächst, dass ein einigermassen instruktiver Konsens über den Gehalt des Gemeinwohlbegriffs kaum noch zu erlangen ist.» [1]

Ein anrüchiger, gemeingefährlicher Begriff ...

Multikulturalismus und die Einrichtung suprastaatlicher Institutionen zersetzen sowohl die althergebrachten gemeinschaftsstiftenden Überzeugungen und Gewohnheiten, wie sie zugleich die seit der zweiten Hälfte des 19. Jahrhunderts vertrauten Souveränitätskompetenzen der alten nationalstaatlichen Ordnungseinheiten beschränken. – Was allerlei Gegenreaktionen provoziert, die in der Schweiz etwa AUNS (Aktion für eine unabhängige und neutrale Schweiz), in der Bundesrepublik Deutschland «Die» – protektionistische – «Linkspartei» und in Frankreich «Front National» heissen können. Auf dem Boden eines antiglobalistischen («National»-)Sozialismus und xenophoben Ethnochauvinismus kann ebenso wie im nationalstaatsfeindlichen Regionalismus jede mögliche *community* zum Subjekt und zur Prätendentin der «eigentlich richtigen» Gemeinwohlbestimmung erhoben werden.

Und genau deswegen sieht, leicht übertrieben formuliert, Offe die Gefahr des im Namen der Letztdefinition des *bonum commune* geführten *bellum omnium contra omnes* am Horizont aufziehen: «Wenn sich die Selbstverständlichkeiten des nationalstaatlichen Bezugsrahmens auflösen, dann kann sich jede kollektiv geteilte Lebensform, Lebensweise oder Identität familialer, ethnischer, religiöser, politischer, sexueller, generationeller, subkultureller, sprachlicher, regionaler, berufsständischer etc. etc. Art als ein verpflichtendes Gemeinwesen zur Geltung bringen.» [2]

Geschieht das massen- und mobilisierungswirksam, also politisch erfolgreich, dann wird das schnell einmal zur Folge haben, dass universell wichtige, die jeweilige *community* übergreifende Perspektiven, pragmatische Notwendigkeiten, aber auch moralische Pflichten ausgeblendet und vergessen werden. Etwas umständlich wird das von Offe so erläutert: «Demjenigen, der sein Handeln durch Bezug auf das gemeine Wohl einer speziellen Gesamtheit rechtfertigt, kann es gleichgültig sein, ob das Wohl, das er für die Angehörigen *seiner* Gemeinschaft fördert, zugleich den relativen Schaden von Personen impliziert, die dieser Gemeinschaft nicht zugehören.» [3] Dass sich solche «Gleichgültigkeit» rasch in rabiate Parteilichkeit verwandelt und sich zu offener und allgemeiner Feindseligkeit zu steigern vermag, ist mit fast schon mathematischer Präzision vorhersehbar: «Der engagierte und unter Umständen aufopfernde Dienst von Angehörigen an der

Ein anrüchiger, gemeingefährlicher Begriff ...

jeweils eigenen Gemeinschaft darf deshalb von anderen Gemeinschaften mit Gründen als *gemeingefährlich* beargwöhnt werden, zumindest als gruppenegoistisch und diskriminierend.» [4]

Im Gegenzug zu einer besonderen *community*, die von ihren Mitgliedern die Erfüllung eigener Gemeinschaftspflichten fordert, ist ja immer und ohne Weiteres auch irgendeine andere und v. a. umfassendere Einheit zu finden, deren von der besonderen *community* ausgeschlossener Teil für die gemeinsinngestützten Vorteile der *happy few* direkt oder indirekt zu zahlen hat: Wer zum Klub der Schweizer und der in der Schweiz Niedergelassenen zählt, wird mit Recht allerlei politische Solidarleistungen zugunsten dieser Klubmitglieder erwarten; wer aber die Klubkarte nicht besitzt (obschon er, z. B., zur umfassenden Gemeinschaft der in Not geratenen menschlichen Lebewesen gehört), wird dagegen diskriminiert und bleibt draussen vor der Tür.

Offe konstatiert unbestreitbare Fakten, die mit charakteristischen Entwicklungen der Gegenwartsmoderne zusammenhängen. Es sind Effekte, die aus der Strukturlogik von Inklusions/Exklusionsdifferenzen resultieren, es sind Dinge, die auch jeder ernst zu nehmen hat, der, trotz allem, die Vorstellung eines (naturgemäss ausschliessenden, wenn man will: privilegienstiftenden) Gemeinwohls für unverzichtbar und der die Idee und Wirklichkeit eines entsprechend partikulären Gemeinsinns für so notwendig wie wünschenswert hält. Denn offensichtlich übertreibt Offe das Problem und dramatisiert seinen Befund, wenn er die vielleicht etwas angegrauten, aber längst noch nicht blutleeren und realitätsfremd gewordenen Gestalten von Gemeinwohl und -sinn schlichtweg als «gespenstisch» charakterisiert. Mag sein, dass sie eine Verjüngungskur nötig haben, aber sie a priori für tot zu erklären, ist falsch. Das, unter anderem, will dieser Essay belegen.

[2]
Hobbes und die Natur des Naturzustandes

Beginnen wir mit einer trockenen Begriffsanalyse: Die Worte «Gemeinsinn» und «Gemeinwohl» werden oft in einem Atemzug verwendet, ohne dass man sich dabei Rechenschaft gibt über ihren unterschiedlichen Bedeutungsgehalt. Während der Begriff des «Gemein*wohls*» auf die objektiven Inhalte zielt, die das für die Gemeinschaft und die sie bildenden Menschen Zuträgliche formulieren, meint der Ausdruck «Gemein*sinn*» normalerweise eine motivationale Bereitschaft, nämlich die Neigung Einzelner oder eines Kollektivs zugunsten der anderen Gemeinschaftsangehörigen bzw. der Gemeinschaft als solcher etwas zu leisten, was für die Handelnden mit Belastungen, vielleicht sogar mit lebensbedrohlichen Pflichten verbunden ist. Gemeinwohl und Gemeinsinn sind begrifflich zu trennen, in der Sache aber miteinander verknüpft: Gemeinwohl ist – um dauerhaft wirklich werden zu können – auf ein mehr oder weniger hohes Ausmass von Gemeinsinn angewiesen. Selbst eine minimalstaatlich-libertär orientierte Gemeinwohlkonzeption muss ja von ihren Gesellschaftsmitgliedern erwarten, dass diese, weil sie nicht radikal egoistisch der Trittbrettfahrer-Logik folgen, freiwillig und aus Einsicht das beibringen, was die Organisation des Gemeinwohls braucht.

Gemeinwohlkonzeptionen sind also – in irgendeiner Form – stets mit Gemeinsinnszumutungen verkoppelt. Obwohl die diesbezüglich mögliche Analyse sehr viel komplizierter ist, als es auf den ersten Blick erscheint, sollte man ohne Weiteres davon ausgehen, dass es, ohne Gemeinsinnsunterstellungen zu machen, müssig wäre, darüber nachzudenken, worin das *bonum commune* besteht.

Gemeinsinn ist freilich etwas anderes als das, was wir intendieren, wenn wir beispielsweise vom «weltethischen» Interesse an sozialer Solidarität oder von kosmopolitischen Gerechtigkeitsbedürfnissen reden. In vielen Fällen ist der Gemeinsinn wohl gerade das Gegenstück zu solcherart «internationalistischen» Haltungen: Er bezeichnet primär das Engagement für eine bestimmte, abgrenzbare soziale Gruppe und deren spezifisches Wohl. Zum «Gemeinsinn» gehören eben darum – aus sozusagen semantischen Gründen – Exklusionen und In/Out-Differenzierungen.

Diese Tatsache hat im Rahmen der neueren Diskussion des Themas gelegentlich (und wie schon belegt) schwerwiegende Folgen. Sie führt bei nicht wenigen Theoretikern zur Diskreditierung beider Begriffe. Noch einmal: Gemeinsinn wie Gemeinwohl geraten immer wieder in den Verdacht, Konstrukte einer nationalistisch borniertén oder sonstwie partikularistisch verengten Ideologie zu sein. Wichtig erscheint dann höchstens noch die historische, mentalitätskritische Auseinandersetzung mit ihnen. Dass sich diese Perspektive ernsthaften geschichtlichen Erfahrungen verdankt, braucht nicht erläutert zu werden.

Dennoch macht sich, wer so argumentiert, die Sache zu leicht. Auseinanderzuhalten sind nämlich beim Problem des Gemeinwohls/-sinnes mindestens drei Hinsichten: die generelle, sozialanthropologische Frage nach den Bedingungen und Formen menschlicher Gruppenbildung, die aus leicht einsehbaren Gründen immer mit irgendwelchen Grenzziehungen einhergeht; das speziellere Problem der Verschärfung solcher Exklusionen zu Freund/Feind-Unterscheidungen und der Entwicklung der entsprechenden Ideen beziehungsweise Ideologien; sowie drittens das Thema des Zusammenhanges zwischen Gemeinwohl/Gemeinsinn und der politischen Form des neuzeitlichen (National-)Staates.

Anders gesagt: Der Missbrauch eines Wortes mag dessen sprachliche Gestalt beschädigen. Der systematische Gedanke, den es bezeichnet, wird dadurch aber nicht prinzipiell lädiert. Das gilt für alle drei angeführten Aspekte. Wer eine Theorie kollektiver Zugehörigkeit entwerfen möchte, wird, der Sache nach, an Gemeinsinn/Gemeinwohl so wenig vorbeikommen wie die in kritischer Einstellung unternommene Analyse und Klassifikation kollektiver Identitäts- und Orientierungsmuster.

Und schliesslich zielt vor allem die dritte Fragestellung, die das Verhältnis zwischen Gemeinwohl/Gemeinsinn und neuzeitlich-moderner Staatsform betrifft, auf einen der ohne Zweifel zentralen Punkte aktueller empirischer, soziologischer und politikwissenschaftlicher Auseinandersetzung mit dem Problem des *bonum commune*: Denn nicht erst seit dem 11. September 2001 ist der Terminus des *failed* oder *failing state* zum Erklärungskürzel für binnensozial unerträgliche und international politisch bedrohliche Zustände geworden. Somalia, Afghanistan, Tschetschenien und Bosnien sind die Ländernamen für Lagen, die uns in den letzten zehn Jahren die reale Brutalität jener gesellschaftlichen Situation vor Augen geführt haben, in welcher – wie es der *Leviathan* formuliert – das menschliche Leben «tierisch, ekelhaft und kurz» ist und die bei Thomas Hobbes «Naturzustand» heisst.

Wenn die Strukturen öffentlicher Ordnung, die den Rechtsfrieden sichern, zerstört werden, dann herrscht jene Wirklichkeit ubiquitärer Gewalt, die den «Krieg aller gegen alle» zur unausweichlichen Konsequenz hat. Zivilität und ökonomische Beziehungen, wie sie für Friedenszeiten charakteristisch sind, verlieren ihre notwendige Basis in dem Masse, wie sich eine eigentliche, auf das permanent ausgeübte Recht des Stärkeren gegründete Ökonomie des Krieges durchsetzt. Mary Kaldor rekonstruiert diese Logik des zeitgenössischen Naturzustandes (dem sie die «neuen», aus dem Staatszerfall entspringenden Kriege im Gegensatz zu den «alten», staatszentrierten Kriegen zuordnet) an Beispielen von Gebieten der sogenannten «Dritten Welt». Ihre Strukturbeschreibung verdient es, ausführlich zitiert zu werden:

«Die standortgebundene Produktion bricht mehr oder weniger zusammen. Der Zerfall der Staaten, Kampfhandlungen, Blockaden durch äussere Mächte schneiden die Produzenten von ihren Märkten ab. Des weiteren legt der Mangel an Ersatzteilen, Rohstoffen und Treibstoff die Industrie lahm. In manchen Fällen wird die Produktion einiger weniger wertvoller Waren aufrecht erhalten – Diamanten in Angola und Sierra Leone, Lapislazuli und Smaragde in Afghanistan, Drogen in Kolumbien und in Tadschikistan sind Beispiele hiefür. Sie bieten all jenen eine Einkommensquelle, die ‹Schutz› für diese Produktion anbieten können. Die Arbeitslosigkeit ist extrem hoch. Wenn die Regierung weiterhin Geld ausgibt, wuchert die Inflation. Im ungünstigsten Fall bricht die Währung zusammen und wird durch Tauschhandel, den Gebrauch wertvoller Waren als Zahlungsmittel oder durch ausländische Währungen ersetzt.

Hobbes und die Natur des Naturzustandes

Nachdem die Inhaber staatlicher Ämter kaum noch durch Steuern gespiesene Finanzmittel besitzen, müssen sie genauso wie die Führer privatisierter Militärverbände nach alternativen Finanzquellen suchen, um ihre kriegerischen Aktivitäten fortsetzen zu können. Angesichts der brachliegenden Produktion bleiben als hauptsächliche Finanzierungsquellen zum einen (...) die Umverteilung vorhandener Vermögenswerte zugunsten der kämpfenden Einheiten, zum anderen die Unterstützung von aussen. Die simpelste Form des Transfers von Vermögen besteht in Raub und Plünderung, Erpressung und Geiselnahme. In allen gegenwärtigen Kriegen begegnet man ihr auf Schritt und Tritt. Wohlhabende Menschen werden ermordet, ihr Gold und ihre Wertsachen geraubt; nach ethnischen Säuberungen wechselt das Eigentum seinen Besitzer; Milizen stehlen die Viehherden; nach der Eroberung einer Stadt werden Geschäfte und Fabriken geplündert. Man nimmt Geiseln, um sie gegen Nahrung, Waffen, andere Geiseln, Kriegsgefangene oder Gefallene auszutauschen.»[5]

Die Dinge, die Kaldor in Erinnerung ruft, demonstrieren am empirischen Exempel, was Hobbes handlungslogisch ableitet: Wo eine Gesetz und Recht und die Unterscheidungen zwischen «legal» und «illegal», «öffentlich» und «privat» gewaltmonopolistisch behauptende Macht fehlt, löst sich die Gesellschaft in eine Vielzahl miteinander auf Leben und Tod kämpfender Gruppierungen auf. Es mag sein, und es ist sogar wahrscheinlich, dass sich innerhalb dieser Einheiten wiederum so etwas wie «Gemeinsinnshaltungen» ausprägen, doch weil die entsprechenden Tugenden im Kontext blutiger Konflikte nur für die Verewigung der prinzipiellen Antagonismen sorgen und dadurch die Etablierung einer übergreifenden *rule of law* verhindern, ist ein *solcher* «Gemeinsinn» zugleich der Garant für die Zerrüttung aller elementaren Bedingungen jener Art von «Gemeinwohl», die wir normalerweise mit diesem Titel assoziieren: Landfrieden, Kontrolle der Herrschaftsmacht, gesetzlich urteilende Gerichte usw.

Damit wird ein erstes Mal sichtbar, wie wichtig subjektive kollektive Einstellungen für das Funktionieren oder Nichtfunktionieren von Institutionen sind. Das Fehlen einer durchsetzungsfähigen Sanktionsmacht kann nämlich das Elend des «Naturzustandes» lediglich indirekt bewirken: als Anlass böser Erwartungen; als Ursache dessen, was die Menschen daraufhin voneinander als reale Möglichkeit unterstellen. Solche Möglichkeitserwägungen werden allerdings sogleich wirklichkeitsprägend. Denn für unser Tun ist ja immer das entscheidend,

Hobbes und die Natur des Naturzustandes

was wir als zukünftige Gefahr oder Chance tatsächlich in Rechnung stellen, das also, was wir – als *möglicherweise* geschehend – besonders berücksichtigen. Und nicht das, was, rein statistisch betrachtet, meistens passiert.

Soll heissen: Zwar bleiben Menschen im Grunde selbst dann und dort noch friedlich und auf gewaltfreie Kooperation ausgerichtet, wo die Gewaltbereiten von keiner starken Strafinstanz in Schach gehalten werden. Aber wo derart defizitäre Verhältnisse herrschen, beginnen eben auch die normalerweise Friedlichen sich zu bewaffnen und hysterisch zu reagieren, weil sie vom jeweils anderen die schlimmstmögliche Verhaltensform in Betracht ziehen.

Und wenn daraus auch nicht der ständige offene Krieg resultiert, so doch das Misstrauen und jene ewig lauernde Furcht, die die Basis gelingender sozialer Zusammenarbeit untergraben. Niemand will sich auf die Wahrscheinlichkeit durchschnittlicher Humanität verlassen, keiner traut dem Lächeln seines Gegenübers. Man zieht sich voneinander zurück, baut nicht mehr auf Versprechen, lebt bloss noch im Blick auf unmittelbar berechenbare Verhältnisse und ist so nicht mehr zu dem in der Lage, was die eigentliche Basis für Wohlstand und Fortschritt liefert, nämlich Arbeitsteilung und Märkte, deren Gedeihen auf der Stabilität und Kalkulierbarkeit von Vertragsbeziehungen beruhen – beflügelt vom Geist optimistischer Unternehmungslust. Nichts geht mehr, alle verlieren die Lebensfreude, das Dasein wird «tierisch, ekelhaft und kurz», wie es am Ende von Hobbes' Darstellung des «Naturzustandes» heisst.

Allerdings braucht es dafür noch eine weitere Bedingung: die Bedingung der wechselseitigen Unkenntnis, der sozialen Unübersichtlichkeit und der allgemeinen Fremde. Umstände also, wie sie nicht nur die Situation markierten, von der Hobbes im englischen 17. Jahrhundert – der Epoche konfessioneller Bürgerkriege – ausging, sondern wie sie typisch geworden sind für die Massenballungen der Gegenwartszivilisation. Hier versammeln sich erneut die Elemente dessen, was der düstere Philosoph des *Leviathan* als anthropologische Ursachen des Zustandes eruiert, den er den «Krieg aller gegen alle» nennt.

Hobbes und die Natur des Naturzustandes

Warum ich das alles erzähle? – Weil ich vor einiger Zeit wieder *L. A.-Crash*, Paul Haggis' erschreckend genauen und – im Wortsinn – unheimlich guten Film über das heutige Los Angeles, gesehen habe. Wer konkret erfahren will, was ich abstrakt zu erklären versuchte, sollte sich dieses tiefsinnige Puzzle von Geschichten genau anschauen. Und überlegen, weshalb am Schluss ausgerechnet der antirassistische, herzensgute, aber der anarchischen Energie der Megacity hilflos ausgelieferte Polizist den jungen Schwarzen erschiesst …

[3]
Camorra oder Wie wir Mörder werden

Wenn in Europa von *failing states*, Bürgerkriegsgesellschaften oder von hobbistischen Verhältnissen die Rede ist, denken wir automatisch an Länder in Afrika oder an eine Riesenstadt wie Jakarta, vielleicht auch an den wieder instabil gewordenen Libanon. Und gewiss kommt uns irgendwann der Zerfall Jugoslawiens in den Sinn, der sich im letzten Jahrzehnt des vergangenen Jahrhunderts vollzog. Aber kaum jemals assoziieren wir mit solchen Begriffen grosse Teile von Gründungsmitgliedern der EU oder Gebiete im Zentrum der «einzig verbliebenen Supermacht» USA. – Was aber dennoch möglich und gelegentlich zu erinnern lehrreich ist. Indirekt wird so sichtbar, welch unentbehrliche Ressourcen Gemeinsinn und eine einigermassen intakte Zivilkultur für den Bestand einer *decent society*, einer menschenwürdigen Sozialordnung, darstellen.

Mit zwei schnell zu findenden Beispielen lässt sich anschaulich machen, was geschieht, wenn elementarer Gemeinsinn bei niemandem mehr zu erwarten und das durch ihn ermöglichte gegenseitige Vertrauen zerstört ist. Das eine liefert eben der oscargekrönte Hollywoodfilm *L. A.-Crash*, das andere verdankt sich einem kurzen Blick nach Ponticelli, Neapel.

Wie im Supermarkt kann man in Ponticelli alles kaufen, was man will, wenn man die richtigen Beziehungen hat: «Kalaschnikows AK 47 und Uzi-Maschinenpistolen aus Russland, Bazookas und Semtex-Sprengstoff aus Tschechien, Beretta-92-FS-Pistolen aus Italien, Heroin aus Afghanistan, Kokain aus Kolumbien, Haschisch aus den Maghrebstaaten.» [6]

Wofür die Waffen dienen und welche Ängste die Proben zu dämpfen haben, ist etwa im Herbst des Jahres 2006 ins Gedächtnis der breiteren Öffentlichkeit gedrungen. Im Zürcher *Tages-Anzeiger* vom 2. November war unter dem Titel «Sie töten schon für ein Handy» ein kurzer Rückblick auf die letzte Oktoberwoche zu lesen:

Camorra oder Wie wir Mörder werden

«Die Mörder warteten, bis Vincenzo Brestigiacomo seinen Kaffee ausgetrunken hatte. Dann streckten sie den 33-Jährigen noch in der Bar mit vier Kopfschüssen nieder. Das war am Montagabend, mitten im belebten Zentrum von Neapel; ein Querschläger verletzte auch eine Passantin. Am Dienstag dann richteten professionelle Killer einen 36-jährigen Händler von Videospielen hin; noch in derselben Stunde wurden in der Vorstadt Torre del' Greco zwei Kleinkriminelle erschossen – und dies nur wenige Meter von einer Kaserne der Finanzpolizei entfernt. Neben diesen vier Morden haben sich allein in den vergangenen zehn Tagen sechs weitere ereignet, also jeden Tag einer. (...) Die Ermittler sprechen von Abrechnungen zwischen rivalisierenden Camorra-Clans: Drei der jetzt Getöteten waren erst kürzlich, im Zuge eines allgemeinen Straferlasses, aus dem Gefängnis freigekommen. Die draussen hatten offenbar nur auf sie gewartet. Andere der mittlerweile 75 Mordfälle des Jahres 06 passen allerdings in kein Mafiaschema: Der 16-Jährige von Pozzuoli, der den 18-jährigen Daniele del Core im Streit um eine Freundin ersticht; der Tabakhändler, der einen ‹gewöhnlichen› Räuber umbringt, in Notwehr offenbar, weil dieser seinem Sohn die Pistole in den Nacken gehalten hat (...) ‹In Neapel›, sagt Paolo Mancuso, der leitende Staatsanwalt der Stadt, ‹zählt ein Leben nichts. Da tötet man bereits für ein Handy oder für ein Mofa. Gewinn und Risiko stehen in keinem Verhältnis mehr zueinander. Und die ubiquitäre Gewalt zieht einen Terror nach sich, der Dämme des menschlichen Zusammenlebens zerreisst.»[2]

Was da berichtet wird, lässt sich als Beleg für Aspekte des Grundproblems interpretieren, das mit der Frage nach der Notwendigkeit von Gemeinsinn engstens verknüpft ist. Zugleich macht es verständlich, warum ich so fest glaube, dass es vollkommen falsch ist, die Kategorien des «Gemeinwohls» oder «-sinns» prinzipiell zu diskreditieren.

Das Problem, um das es letztlich geht, ist die Möglichkeit realer Stabilität einer legitimen öffentlichen Ordnung. Ohne Zustimmung, genauer ohne die gemeinsinngestützte Bejahung ihrer Geltung durch die überwiegende Mehrzahl derjenigen, die sie ihrer Rechtskraft unterstellt sieht, kann diese nie lange existieren, ja nicht einmal glaubwürdig beanspruchen, über tatsächliche Rechtskraft verfügen zu können.

Zu den Bedingungen der faktischen Legitimität einer politischen Einheit gehört, ich wiederhole mich, die indiskutable Inhaberschaft des Gewaltmonopols; zweitens die freiwillige Gefolgschaft der Bürger und Bürgerinnen (was bedeutet, dass diese im Konfliktfall den Anordnungen der staatlichen Organe und nicht denen einer anderen

Camorra oder Wie wir Mörder werden

Gruppe gehorchen); drittens die feste und für alle sich immer wieder bestätigende Erfahrung, dass diejenigen, die der staatlichen Ordnungsinstanz die Loyalität aufkündigen, dafür auch zu bezahlen haben, aus ihrer Dissidenz also keinerlei Vorteile zu ziehen vermögen.

All diese Voraussetzungen sind in Neapel offensichtlich nicht erfüllt. Ein wirkliches Gewaltmonopol existiert nicht – was Leoluca Orlando, den als Mafiagegner berühmt gewordenen früheren Bürgermeister Palermos, im gegebenen Fall zur hobbistischen Maximalreaktion motiviert: «Ich würde nicht zögern, die Regierung in Rom zur Entsendung des Heeres zu bitten.» Freilich, auf bürgerliche Loyalitäten, die einen solchen Akt begrüssen würden, darf in Neapel die Staatsgewalt aber gerade nicht mehr (und vielleicht überhaupt nie) hoffen – was die Soziologen und Ethnologen nicht überrascht, die die Bewusstseinslage solcher «Gesellschaften am Rande Europas», wie sie in Sizilien und in Süditalien zu finden sind, sorgfältig erforscht haben. Drittens – und das ist das Schlimmste – ist nach dem Zusammenbruch der lokalen Klientel- und Patronatssysteme jener aus historischen Gründen dem Zentralstaat feindlich gesinnten «Gesellschaften am Rande Europas» fast schon mit Gewissheit nichts anderes mehr zu erwarten als die allseitige Gegenwart offener Gewaltverhältnisse. Der zitierte neapolitanische Generalstaatsanwalt Mancuso bringt es auf den Punkt, indem er Leoluca Orlandos Interventionismus widerspricht: «Können Soldaten etwa einen Eifersuchtsmord verhindern? Die alltägliche Gewalt des innerstädtischen Banditentums geht weit über die Camorra hinaus. Mit deren unternehmerisch und straff organisierten Clans in der Region hat sie gar nichts zu tun. In Neapel zählt ein Leben eben nicht mehr viel.» [8]

Am Modell Neapels werden einige Dinge erkennbar, die für einen zeitgemässen Gemeinsinn wesentlich sind. Erstens ist der Gemeinsinn, um den es im Kontext moderner, die grösstmögliche Autonomie ihrer Bürger intendierender Rechtsordnungen geht, ein Gemeinsinn, der sich auf eine öffentliche, plurale und zugleich gemeinsame Welt bezieht. Er ist daher etwas fundamental anderes als das Zusammengehörigkeitsgefühl, das Klientelgruppen, Familienclans oder Räuberbanden verbindet. Zweitens ist der Gemeinsinn, den funktionierende demokratisch-liberale Gemeinwesen benötigen, Ausdruck einer nicht bloss gefühlsmässigen, quasifamilialen und sozialpsychologisch gut erklärbaren Kollektivempfindung, sondern die Wurzel eines vernünftig-diskursiven Wir-Bewusstseins, das Empathie und Emotion zwar nicht ausschliesst, aber auch von Anfang an überformen will. Drittens ist die staatsbürgerliche Wir-Intelligenz und diskursiv berührbare Wir-Empfindung ebenso sehr ein von voraussetzungsvollen Lernschritten abhängiges Produkt wie eine leicht verderbliche, keineswegs selbstverständliche kulturelle Substanz; eine Substanz, deren Haltbarkeit im Übrigen von den zentrifugalen Tendenzen der Gegenwartsmoderne eher beschädigt als befördert wird.

Dafür liefert, wie erwähnt, *L. A.-Crash* eine tiefsinnige Serie von Geschichten: Menschen aus allen sozialen Sphären der schwarz-weiss-gelben, ethnobabylonischen, glanzvoll schäbigen und undurchschaubar vitalen Riesenmetropole Los Angeles treffen sich so zufällig wie absichtlich, verstricken sich in ein Geflecht aus Ressentiment, Liebe, Respekt, Hass, Pech, Berechnung, Gleichgültigkeit, spontaner Hilfsbereitschaft, Zuneigung und schicksalsloser Traurigkeit. So ist es beinahe logisch, dass es eben der «Gute» ist, der jenen Achtzehnjährigen umbringt, der – vielleicht – gerade dabei war, seinem Leben einen neuen Sinn zu geben.

Damit der allgegenwärtige «Krieg aller gegen alle», dieser «Naturzustand» eintritt, dessen innere Logik im englischen 17. Jahrhundert von Thomas Hobbes an der Epoche der Religionskriege abgelesen werden konnte, braucht es also auch in heutigen Zeiten und in den Hauptstädten der mächtigsten Nation der Welt unter Umständen nicht viel mehr als ein paar kleine Funken und das Unglück einer missverstandenen Geste. Die sozialen Bedingungen einer vom Gemeinsinn verlassenen Massenballung, wie sie typisch ist für unsere Hochzivilisation, machen diesen «Krieg» schon fast normal, wenn auch meistens nur latent vorhanden; verdeckt durch die Situation einer allgemeinen, anonymen, undurchdringlichen Fremde.

[4]
Zwei Atome eines Moleküls

Hobbes entwickelt den «Naturzustand» und dessen Charakteristiken als Konsequenz eines Gedankenexperiments und als Konstruktionselement seiner *more geometrico* operierenden Methode. In Neapel, in Los Angeles, in apokalyptischen Filmvisionen wie *Mad Max* oder *Waterworld*, in vielen Gebieten des afrikanischen Kontinents, zeigt sich die empirische Stringenz der hobbistischen Lehre und ihrer Deduktionen. Was wir im Horizont der modernen (auf der basalen Ebene immer noch nationalstaatlich verfassten) liberalen, mit den Prinzipien der Menschenrechte verbundenen Demokratie ohne Weiteres anzunehmen bereit sind: dass Bürger und Bürgerinnen sich mit ihrem Gemeinwesen und dessen Gedeihen mindestens im Mass einiger Minimalvoraussetzungen identifizieren, das ist nichts weniger als trivial.

Betrachtet man die Sache genauer, stösst man auf eine in sich spannungsvolle, komplizierte und leicht zu kippende Bewusstseinsstruktur, die die subjektive Seite des in sich spannungsvollen, komplizierten und leicht aus seinen Balancen zu kippenden objektiven Gehaltes der liberaldemokratischen Staatsidee verkörpert.

Ein grundlegendes Moment der westlich-demokratischen Staatsvorstellung ist die Unterscheidung zwischen dem Öffentlichen und dem Privaten, zwischen zwei Bereichen *eines* Verhältnisses, zwischen der Sphäre des Gemeinwohls sowie der ihm zuarbeitenden öffentlichen Interessen, und einer zweiten, möglichst ausgedehnten Sphäre staatlich geschützter, zugleich aber auch obrigkeitsfreier Privatautonomie. Wichtig – und leicht zu übersehen – ist, dass diese Trennung zugleich auch als *Verbindung*, als Einheit, als die zusammengehörigen antithetischen Relate einer Synthese zu begreifen ist. Der öffentliche und der private Raum bilden, *idealiter* gesprochen, gewissermassen ein, wie Richard Sennett einmal gesagt hat, «Universum sozialer Beziehungen» bzw. die «zwei Atome eines Moleküls».[2] Damit so etwas möglich ist, sind auf der subjektiven Seite, also im handlungsleitenden Bewusstsein der Bürger und Bürgerinnen, ganz bestimmte Einstellungen, Bereitschaften und Orientierungsmuster erforderlich. Offensichtlich braucht es ein kollektiv wirksames Netz von Überzeugungen, das die unvermeidlichen Konflikte zwischen einerseits den privaten Ansichten und Wünschen und anderseits den Ansprüchen des öffentlichen Wohls auffängt, oder sagen wir vorsichtiger: das bei deren Auflösung hilft, indem es den für alle Bürger und Bürgerinnen einigermassen gangbaren Weg vorzeichnet, der zu allgemein zumutbaren Entscheidungen führen kann.

Mit all dem habe ich freilich nur sehr umständlich ausgedrückt, was für uns liberale Demokraten a priori klar ist: dass formal korrekt erzielte Mehrheitsbeschlüsse verbindlich sind; dass jedoch die Mehrheit unbedingt geltende Grundrechte nicht verletzen darf; dass die öffentlichen Gewalten im Dienst einer fairen Güter- und Lastverteilung zwischen den Betroffenen stehen sollen (und das auch tun können), usw. usw.

Zum Vorhandensein solch normativer Orientierungen müssen aber noch weitere Haltungen hinzukommen, damit die öffentliche Sphäre und das Reich der Privatautonomie ein nach Sennetts Vorstellungen harmonisches «Universum sozialer Beziehungen» zu bilden imstande sind: ein Sinn für Toleranz und für deren Grenzen hinsichtlich der verschiedenen Arten, sich in der Öffentlichkeit Ausdruck und Aufmerksamkeit zu verschaffen; eine Empfänglichkeit für Solidaritätspflichten, die weit über die privaten Bezirke hinausgehen (was z. B. die Zustimmung zu Steuerprogressionsstufen einschliessen kann); die Fähigkeit einzusehen, dass es manchmal gut ist, das rationale Eigeninteresse zugunsten vernünftiger Gemeinschaftsbedürfnisse zu opfern usw.

Ich will die komplexe Natur der subjektiven Seite des objektiven Gehalts der liberaldemokratischen Staatsidee hier noch nicht weiter entfalten. Das Gesagte erlaubt jedoch, ohne Weiteres zuzugestehen, dass im Lichte dieser Staatsidee der Begriff der «Bürgerin» und des «Bürgers» zwei verschiedene Bedeutungen besitzt, die ins rechte, lebensdienliche Gleichgewicht zu bringen, ein erstrangiges Problem jeder liberalen Demokratie ist. Ich meine die Differenz zwischen dem Bürger als dem Teilhaber der Öffentlichkeit, das ist des Raumes, in dem sich die gemeinsame Gestaltung der *res publica*, der öffentlichen Sache, vollzieht, und dem Bürger als dem Inhaber des Rechts zu privatautonomer Selbstbestimmung. Jean Jacques *Rousseau* hat diesen Doppelsinn bekanntlich durch die Unterscheidung zwischen *citoyen* und *bourgeois* markiert.

[5]
Bourgeois und Citoyen.
Was meint «bürgerlich»?

Im innersten Kern des *Contrat Social*, im 6. Kapitel des Ersten Buches, findet sich im Erläuterungszusammenhang des Ausdrucks «Republik» bzw. der «Polis» die folgende Erklärung: «Der wahre Sinn dieses Wortes ist bei den Neueren fast völlig verschwunden; die meisten verwechseln Stadt (= ville) und Polis (= cité), Städter (= bourgeois) und Bürger (= citoyen). Sie wissen nicht mehr, dass die Häuser die Stadt, die Bürger (= citoyens) aber die Polis machen.» Und von diesen *citoyens* sagt Rousseau, dass ihr wesentliches Definitionselement die Teilhaberschaft am Grundgut der öffentlich-republikanischen Autonomie ist: «Was die Mitglieder (der Polis) betrifft, so tragen sie als Gesamtheit den Namen Volk, als Einzelne nennen sie sich *citoyens*, sofern sie Teilhaber an der Souveränität des Staates sind.»

Aus der Kontraposition des *citoyen* und des *bourgeois* ergeben sich ohne viel Nachdenken drei Fragen, deren Beantwortung zugleich die Eckpunkte fixiert, zwischen denen sich der mehrdeutige Begriff des «Bürgers», der «Bürgerin» und des «Bürgerlichen» entfalten lässt. Die erste Frage lautet: Was verlangt das bürgergemeinschaftliche Engagement in der demokratischen Selbstbestimmung vom *citoyen*? Die zweite: Wie ist das richtige Verhältnis zwischen dem *citoyen* und dem *bourgeois* zu suchen und zu finden? Und die dritte heisst: Welches legitime politische Interesse gehört zum *bourgeois*?

Die Antwort auf die erste Frage liefert dem Begriff politischer Bürgerlichkeit das Element der heikle Spannungen meisternden Souveränität und Selbstständigkeit. Die zweite Antwort erinnert ihn an das Element der solidarisch-sozialen Verpflichtung auf der Basis liberaler Gleichheit. Die dritte demonstriert dasjenige der Freundschaft für private Freiheiten, wozu natürlich auch die Option für die Freiheiten des Marktes gehört.

Die Reihenfolge der drei Überlegungen ist als Stufenfolge von Voraussetzungen zu interpretieren. Das privatfreiheitliche und marktwirtschaftsfreundliche Interesse ist gerechtfertigt im Rahmen von liberalen Institutionen sozialer Solidarität, und diese werden ebenso getragen wie begrenzt und inhaltlich zuallererst formuliert durch die Autonomie freier und selbstverantwortlicher Bürger und Bürgerinnen. – Was so abstrakt und akademisch klingt, gewinnt rasch konkretere Konturen, wenn man auf die drei gestellten Fragen eingeht. Die psychopolitisch wirksamsten Parolen der Achtundsechzigerzeit (jener Epoche, die für die Signatur des Gegenwartsbewusstseins auf oft unterschätzte Weise wichtig geblieben ist) waren mit dem Ruf nach «Emanzipation» verbunden, dem Aufruf zur «Mündigkeit». Dass damit nur ein Hauptgedanke der liberalen Bürgerphilosophie des europäischen 18. Jahrhunderts variiert wurde, war längst nicht allen klar: nämlich die Idee der Selbstständigkeit.

Bürgerlich-Sein heisst Selbstständig-Sein; als Privatmann, durch Eigentum und Besitz, als Angehöriger der Polis, durch Teilhaberschaft an deren Selbstbestimmung. So meint bürgerliche Souveränität von Anfang an beides: *citoyenneté* zum einen, persönliche Handlungsfreiheit und -macht zum anderen; private Selbstmacht aber allemal auf dem Boden der *res publica*, der öffentlichen Sache, die man nie egoistisch-isoliert, sondern stets bloss zusammen mit den anderen, die an ihr teilhaben, gestalten und bewahren kann.

Citoyenneté macht also aus den sich gegen die anderen und deren Zumutungen abgrenzenden Eigentümern und Besitzbürgern die Mitglieder einer demokratischen Gesellschaft, Menschen, die ihr Privatwohl und die öffentlichen Angelegenheiten in deren Wechselwirkung erkannt haben.

Das alles mag etwas altmodisch klingen, aber die erwähnten Wertsetzungen und Prioritäten – einerseits: Selbstständigkeit, Unabhängigkeit, Herrin sein im «eigenen Haus», anderseits: der Sinn für die bürgerschaftliche Gemeinschaft und die Verbundenheit in einem republikanischen «Wir» – sind emotional und motivational nach wie vor tief eingelassen in die Seelenlage jedenfalls des Schweizer Durchschnittsgemüts. Doch gerade bei der Verarbeitung des permanenten Konflikts zwischen «Ich» und «Wir» muss sich ein weiterer Normbezug von Bürgerlichkeit und bürgerschaftlicher Volksherrschaft artikulieren: der des Realitätssinnes. Das Talent für das Fällige, das weder zum Kampf gegen Windmühlen taugt, noch vergisst, dass jede politische Gemeinschaft irdisch ist, sorgt für Beweglichkeit, Offenheit und antidogmatische Selbstkritik.

Was *citoyenneté* von Bürgern zuallererst verlangt, ist darum nicht besonders schwierig zu sagen, aber kaum je einfach zu verwirklichen. Es ist die Anstrengung, das Eigene und die persönliche Selbstständigkeit mit den Forderungen des Ganzen (des Ganzen der Polis wie des Ganzen der Welt, die die Polis umgreift) in ihrer stets vorläufigen Balance zu halten.

Sind Bürger also Egalitaristen? Ja und nein; ja als *citoyens*. Denn sie gehen vom Grundsatz der Menschengleichheit aus; vom Prinzip der gleichen Freiheit für alle, die jeder und jedem erlaubt, präziser noch: erlauben *soll*, seine Existenz so führen zu können, wie er oder sie selber möchten. Dass dieses Prinzip liberaler Gleichheit viele starke und eingreifende, die einen zur Unterstützung der anderen zugunsten des Projekts individueller Selbstständigkeit verpflichtende Forderungen enthält, ist – angesichts der faktisch sehr ungleich verteilten Chancen und Voraussetzungen selbstbestimmter Lebensführung – offensichtlich. Doch zugleich produziert das liberale Prinzip der Egalität politische Postulate und Problemstellungen, deren Lösung und Erfüllung immer umstritten, nie ein für allemal, gewissermassen «gerechtigkeitsmathematisch zwingend», zu formulieren sind.

Konkreter gesagt: Was soziale Solidarität, also Sozialstaatlichkeit und Steuerpolitik, in der Konsequenz der liberalen Gleichheit bedeuten, ist ein permanentes Thema für alle, die nicht von Anfang an von Prämissen ausgehen, die vielleicht je subjektiv, aber niemals intersubjektiv-objektiv unbestritten in Geltung sein können. Für den *citoyen* gilt es daher, exakt zu trennen zwischen einerseits der grundsätzlich gültigen Einsicht, dass gleiche Freiheit auch materielle Effekte, lastenausgleichende Steuerpolitik und öffentliche Instanzen für eine breitenwirksame Risikosicherung zur Folge hat, und anderseits der Frage, wie solche Politik und Institutionen richtigerweise eingerichtet werden sollen. Drittens ist für den *citoyen* klar, dass über die Prinzipien und Gesetze der nötigen Gleichheits- und Solidaritätsrealisierung letztlich

Bourgeois und Citoyen. Was meint «bürgerlich»?

allein im Rahmen jener prozeduralen Normen zu entscheiden ist, wie sie die rechtsstaatliche Verfassung der Volkssouveränität vorsieht; *rule of law* ist der stärkste Anker, der die Demokratie davor bewahrt, zur Willkürherrschaft der Mehrheit und zum Schauplatz manipulierter Plebiszite zu werden.

Als *citoyens* sind die Bürger und Bürgerinnen vom Ethos freier Gleichheit und gleicher Freiheit geleitet, das denen, die bessergestellt als die anderen sind, auch spürbare Kosten aufbürdet. Doch zum Bürgerlich-Sein gehört eben nicht bloss *citoyenneté*; Bürgerlich-Sein heisst ebenso, dass man *bourgeois* sein will und sein darf: jemand, dem Besitz, Eigenleistung, Exzellenz, persönlicher Erfolg und vorzeigbare Zeichen der eigenen Tüchtigkeit wichtig sind. Das sind Eigenschaften, Werte und Güter, die notwendigerweise mit ungleichem Freiheitsgebrauch entstehen und, als einmal Entstandene, Ungleichheit eher verstärken als abbauen. Als *bourgeois* ist der Bürger also alles andere als Egalitarist; er ist ein Advokat möglichst umfassender individueller Freiheiten und ihrer Resultate.

Bürgerlich-Sein ist darum eine vielfältige Eigenschaft, die auf simple Formeln nicht zu reduzieren ist. Einfachen Entweder/Oder-Festlegungen fügt sie sich nicht. Dennoch gehört zur Bürgerlichkeit auch eine besondere und entschiedene Parteilichkeit. Sie lässt sich begründen, wenn man den Sinn von «bürgerlich» im Horizont des grossen Gegensatzes zwischen «Links» und «Rechts» verorten will. Denn der Bürger ist zwar ein Verteidiger notwendiger Gleichheit, vor allem aber ist er ein Freund der Freiheit.

Es wäre allerdings irreführend, wenn man das Lager derjenigen, die «soviel Freiheit wie möglich und soviel Gleichheit wie nötig» wollen, schlicht «die Rechte» und das dazu komplementäre Lager (»soviel Gleichheit wie möglich, soviel Freiheit wie nötig») «die Linke» nennen würde. Denn links wie rechts finden sich ja auch extreme Positionen, die hierarchische und autoritäre, keineswegs freiheitliche Ideale vertreten. Der Bürger als *bourgeois* ist deshalb nie ein rechtsextremer Antiliberaler und Verächter der persönlichen Unternehmungslust und Neugierde, zu der die Freude am vielfältig Unvorhersehbaren und unvorhersehbar Vielfältigen gehört.

Bourgeois und Citoyen. Was meint «bürgerlich»?

Wenn Rousseau im zitierten Abschnitt den *bourgeois* einen «Städter» nennt, dann bedeutet das, dass er ihn weder als Bauer noch als Krieger begreift, sondern als einen, der auf Kontakte und Austausch setzt, der Anteil am Wandel nimmt und am Funktionieren der Geldwirtschaft. Der «Städter» ist kein Heger des Feldes, kein Bauer und kein Ritter, sondern einer, der rechnen kann, an den Fortschritt glaubt und der ins Mögliche investiert. Mag sein, dass der Ausdruck *bourgeois* im heutigen Sprachgebrauch diesen optimistisch tätigen, auf die Energie des Einzelnen setzenden Geist nicht mehr gut zu bezeichnen vermag. Doch im Begriff des *Liberalen* ist er nach wie vor hörbar.

Kurzum: Bürgerlich-Sein heisst also *citoyen* als *bourgeois* und Liberaler sein, was im System des Ökonomischen besagt, für Markt, Privateigentum und Beschränkung staatlicher Macht einzutreten und im System der Sozialmoral für den grösstmöglichen Spielraum individueller Lebensgestaltung.

[6]
Morale Albertiana oder Das entfremdete Gemeinwohl

Der Citoyen als Bourgeois, der Bourgeois als Citoyen – solche Formeln greifen jedoch ins Leere, wenn es um die Beschreibung der moralischen Grundlagen jener «Gesellschaften am Rande Europas» geht, für die vielleicht schon Neapel – wie ein Blick auf die Landkarte lehrt: eher in der Mitte als im Stiefelfuss Italiens liegend –, ganz sicher aber die Gesellschaften Siziliens und Süditaliens ein Beispiel liefern.

Der Begriff des Gemeinsinns, die subjektive Seite des objektiven Gehaltes der liberaldemokratischen Staatsidee, vermag hier gar nicht mehr sinnvoll verwendet zu werden; einfach deshalb, weil «in diesen Gesellschaften der Primat und somit auch die höhere Bewertung der Privatsphäre niemals in Frage gestellt sein kann. Der öffentliche Bereich wird in der Regel als ein Fremdkörper betrachtet».[10] Der italienische Soziologe Tullio Altan hat das kollektive Selbstverständnis, das dementsprechend an die Stelle des Gemeinsinns tritt, *morale albertiana* genannt, ein Verweis auf «I libri della famiglia» des Renaissancephilosophen Leon Battista Alberti. Alberti glaubte an die Überlegenheit der familialen Welt und ihrer Werte gegenüber den Normen und Handlungsmotiven der öffentlichen Sphäre. Allein im Raum privater Intimität herrscht für ihn Verlässlichkeit, sind die Reaktionen berechenbar und die Emotionen wahrhaftig. Dass die dieser Sicht komplementäre Abwertung der Öffentlichkeit jede Anstrengung rechtfertigt, das Wohl der eigenen Gruppe allen anderen Interessen – und ganz gewiss denjenigen, die die Vertreter der staatlichen Gewalt das «Gemeinwohl» nennen – vorzuziehen, ist die einleuchtende Konsequenz.

Die *morale albertiana* verwandelt die Instanzen derjenigen sozialen Strukturen, die sich aus dem Gedanken gesellschaftsvertraglicher *citoyenneté* entwickeln lassen (und die eigentlich auch nur aus dessen Prinzipien vernünftig zu begründen sind), in Figuren der Feindseligkeit und des Misstrauens. Dass die *morale albertiana* damit zugleich zur grundsätzlichen Gegenkraft gegen all das werden muss, was die Lo-

Morale Albertiana oder Das entfremdete Gemeinwohl

gik gesellschaftlicher Modernisierung insgesamt kennzeichnet – die Entpersonalisierung, Versachlichung, bürokratischer Rationalisierung und Formalisierung der sozialen Verhältnisse und Vorgänge –, das versteht sich beinahe von selber.

Kein gutes Klima also für eine tragfähige politische Kultur der demokratischen Staatlichkeit und republikanischen Loyalität. Denn, so der einschlägig informierte Sozialanthropologe:

«Öffentliche Institutionen mit überlokalem Charakter erwecken hier stets den Verdacht, dass sie dazu dienen, die Individuen zu unterdrücken und ‹auszunehmen›. Solche Mechanismen werden dann mit Handlungsstrategien erwidert, die sich nach dem Motto ‹Den Schwindler darf man beschwindeln› richten. (…) So wird schliesslich plausibel, dass die fundamentale Antithetik zwischen der privaten und der öffentlichen Welt den Boden bereitet, auf dem Korruptionspraktiken, Verhaltensweisen im informellen Sektor, politische Skandale, mafiaartige Machenschaften und der klientelistische Tausch von Leistung und Gegenleistung wachsen und florieren können.» [11]

Die Beschäftigung mit dem Phänomen des «Mafiösen» und mit den Bedingungen, die es produzieren, ist aus verschiedenen Gründen mehr als ein unterhaltsam schockierender Blick in eine bloss scheinbar entlegene und kuriose Welt. Nebst der Erinnerung an die Tatsache, wie speziell und fragil die vorpolitisch-gesellschaftlichen Bedingungen einer funktionierenden rechtsstaatlich-freiheitlichen Demokratie sind, liefert sie Verständnismodelle für Entwicklungen in vielen postkommunistischen Ländern Osteuropas und macht so auch begreiflich, weshalb aus der misslungenen Verbindung von Privatinteresse und Gemeinwohl, also aus dem Hybrid zwischen antistaatlicher Bevölkerungsmentalität und der als Zwangsinstanz auftretenden öffentlichen Rechtsgewalt, nicht bloss die verbreitete Ablehnung der modernen Staatsidee, sondern deren eigentliche Zerrüttung resultiert: Jede «albertianische» Gesellschaft, deren soziales Geflecht typischerweise aus personalisierten Verwandtschafts-, Patronats- und Klientelbeziehungen besteht, ist *insofern* auch ein Produkt der Moderne, als sie (wie jede sonstige soziale Formation) in eine politisch-bürokratische Ordnung eingegliedert ist, die für sich legitime Gesetzgebung, legale Herrschaftsausübung und die alleinige Verfügung über die Gewaltmittel beansprucht.

Morale Albertiana oder Das entfremdete Gemeinwohl

Mit Max Weber gesprochen: Die Moderne setzt auf dem Gebiet des Politischen überall, also auch im Mezzogiorno und in Sizilien, eine versachlichte, mit Organigrammen beschreibbare Ämterstruktur durch; zweitens braucht die Moderne dem Legalitätsprinzip unterstellte Entscheidungsprozeduren; und drittens zielt sie auf die Kohärenz von generell-abstrakt formulierten, explizit erfassten, nach unpersönlich geltenden Verfahren erlassenen Gesetzen.

Den (italienischen) Staat, die *Repubblica Italiana*, finden wir also unzweifelhaft auch in Bari und Palermo. Die Frage ist nur, wie sich die der modernen Staatsidee nach «eigentlich» versachlichten und legalneutralen Beziehungen zwischen demokratischen Repräsentanten und ihren Wählern, zwischen Beamten und Bürgern verändern, wenn sie in einer Welt zu existieren haben, die – eben – von der *morale albertiana* orientiert ist. Die Antwort ist naheliegend:

«(Gerade) die basalen politisch-bürokratischen Relationen (…), die nach den Prinzipien der flächenstaatlichen Ämterorganisation einen versachlichten Charakter besitzen sollten, werden durch die Umdeutung in Patron/Klient-Dyaden personalisiert.» Sowie (und dies vor allem): «Diese Personalisierungstendenzen führen gleichzeitig dazu, dass die Vertreter des politisch-bürokratischen Zwangsapparates, die in einem Netzwerk von Patron/Klient-Verhältnissen verstrickt sind, die ihnen zur Verfügung stehenden legislativen, exekutiven sowie gerichtlichen Ressourcen des institutionellen Flächenstaates *nicht* für die Realisierung eines umfassenden, (…) depersonalisiert-abstrakten Gemeinwohls einsetzen, sondern diese in den Dienst der partikularistischen Interessen der eigenen Klientelmitglieder stellen.»[12]

Das Ergebnis, das dabei herauskommt, darf man als «*das entfremdete Gemeinwohl*» bezeichnen.[13] Dass aber diese Privatisierung oder vielleicht besser «Albertianisierung» des öffentlichen Sektors die Fundamente der freiheitlich-demokratischen Staatsform angreift und zerstört, muss nicht länger erklärt werden. Zu betonen ist allerdings, dass dadurch nicht einfach ein beim *mainstream* der gegenwärtigen politischen Philosophie beliebtes Konzept, sondern eine der wichtigsten Voraussetzungen gesellschaftlicher Modernisierung und sozialer Fortschrittlichkeit korrumpiert wird.

Morale Albertiana oder Das entfremdete Gemeinwohl

Die als Treuhänderin der rechtsfriedensstiftenden Spielregeln und als Garantin der Durchsetzung verallgemeinerungsfähiger Interessen entworfene demokratische Verfassungsordnung ist also sehr viel mehr als ein schönes Ideal der Bürgerideologie des 18. und 19. Jahrhunderts. Sie ist eine der zentralen Stützen so benennbarer wie machbarer Verbesserungen der Organisation menschlichen Zusammenlebens unter den Bedingungen der technisch-wissenschaftlichen Zivilisation.

Die «mafiöse» Durchseuchung der süditalienischen politischen Kultur ist historisch tief verwurzelt. Spätestens seit dem *brigantaggio*, dem Banditen- und Brigantenwesen der 1860er-Jahre (ein süditalienischer Bürgerkrieg, der vielleicht mehr Opfer forderte als alle Risorgimento-Kriege zusammen), ist die beschriebene Albertianisierung der *vita morale* Süditaliens Tradition und Gewohnheit geworden. Schon 1911 attackierte der linksliberale Reformist und bedeutende intellektuelle Verteidiger einer modernen Demokratie, Gaetano Salvemini, die «piccola borghesia nel Mezzogiorno d'Italia». Sie ist nach Salveminis Meinung die eigentliche Trägerschicht des an die Verhältnisse der neuen Zentralstaatlichkeit angepassten Patronage- und Klientelsystems, und er kritisiert sie als *den* bösen Biotop der verheerenden zivilpolitischen Epidemie: Sie sei in dieser Hinsicht «quel che è nella vita fisica del paese la malaria».

Ohne Zivilsinn – weder aufseiten der Bürger noch auf derjenigen der Amtsträger – wird die politische Normalität halt- und massstablos und zu jenem «schmutzigen Geschäft», dessen Logik niemand entgeht, der einmal in seine Zwänge geraten ist. Leonardo Sciascias legendärer *Professore Frangipane*, der während seiner Karriere als Abgeordneter im römischen Parlament so ungefähr alles verrät, was er als humanistisch inspirierter Lateinlehrer seinen Schülern einst mithilfe von Cicero, Titus Livius und Cato als vorbildhaft, richtig und gut beizubringen versucht hat, Professor Frangipane ist die zur traurig miesen Theaterfigur [14] verdichtete Allegorie dieser bitteren Wahrheit über das Politische in der Welt des entfremdeten Gemeinwohls und der nur noch für Zyniker möglichen Gemeinsinnserwartung.

Morale Albertiana oder Das entfremdete Gemeinwohl

Es ist klar, dass aus dem so geformten gesellschaftlichen Erfahrungsraum kein gemeinsinnsdienlicher Erwartungshorizont entstehen wird, der die Vorstellung eines Staates ermöglicht, der als Treuhänder allgemeiner Interessen und einer fairen Gesetzesordnung zu begreifen wäre.

[7]
Die Wahrheit des Zerrspiegels

«Gemeinsinn» sei ein schwieriger, demagogieanfälliger, möglicherweise gefährlicher Begriff. Man braucht kein ultraradikaler Liberaler, kein libertärer Verteidiger des Privateigentums und kein demokratieskeptischer Warner vor der allemal drohenden «Tyrannei der Mehrheit» zu sein, um derartige Bedenken ernst zu nehmen. Aber – und das war meine Ausgangsfrage – wie sind diese Konzepte «Gemeinsinn» und «-wohl» dennoch zu verteidigen und wie sind die Idealisierungsfallen und öden Plattitüden zu vermeiden, in die schnell einmal gerät, wer Gemeinsinnsapologetik betreibt? – Ich versuchte es mit Beispielen und Argumentationen *ex negativo*: mit der Vergegenwärtigung von Hobbes Naturzustand und dem selbst von der Camorra verlassenen Neapel, mit der Analyse der albertianischen Moral des Mezzogiorno und deren korruptiver Verbindung mit den zentralstaatlichen Institutionen der Moderne; mit der Darstellung der offensichtlich schlechten Effekte, die sich aus all diesen Zuständen ergeben als Belegen für die einfache Behauptung, dass Gemeinsinn und Gemeinwohl zwar stets vorsichtig und präzis zu verwendende Ideen sein müssen, ihre reale Abwesenheit im Bewusstsein der Menschen aber jede Gesellschaft schädigt und schliesslich ruiniert.

Das gilt umso mehr, je freiheitlicher, das heisst auf die Selbstverantwortlichkeit der Bürger und Bürgerinnen hin deren öffentliche Institutionen konzipiert sind. Auch das zeigt sich *ex negativo*. Konstruiert man nämlich wie Hobbes den überwältigend mächtigen Staat allein im Rückgriff auf egozentrisch-rationale, mithin gemeinsinnsferne personale Motive, dann ist er nicht anders denn als autoritär, als kontrollsüchtig und als liberalitätsfeindlich, als «hobbistisch» eben, zu begreifen. Lehnt man aber diese Konzeption ab, dann ist als erste Ausgangsbedingung auch auf jene vernünftige Freiheit zu setzen, die sich in der autonomen Selbstbeschränkung der Einzelnen aus *common sense* und *fairness* ergeben, die beide freilich ohne Tradition und Erziehung kaum je zu haben sind.

Die Wahrheit des Zerrspiegels

Auf *common sense* und Fairness zu rechnen mag nicht immer realistisch sein, doch *tertium non datur*. Das meint auch Montesquieu, wenn er das Gedeihen einer moderierten *societas civilis* letztlich der unverfügbaren Lebendigkeit des *esprit général* anheimgegeben weiss und die gewaltenteilige Verfassung, also eine in Regeln institutionalisierte Ordnungsstruktur, lediglich als das zweitletzte Prinzip des menschenmöglich-besten Staatswesens auszeichnet.

Im oft zitierten 6. Kapitel über die «Verfassung Englands», im XI. Buch *De l'esprit des lois*, heisst es am Schluss: «Da alle Menschendinge ein Ende nehmen, wird auch der (vorbildliche englische, G.K.) Staat, von dem die Rede ist, seine Freiheit verlieren und wird vergehen. Rom, Lakedaemon und Carthago sind leider vergangen: Er wird vergehen, sobald die legislative Befugnis verderbter als die exekutive ist.»

Damit eine klug konzipierte Institutionenordnung nicht nur klug ausgedacht ist, sondern tatsächlich gut funktioniert, müssen die Bürger dieser Ordnung den Prinzipien eben dieser Ordnung gemäss leben, denken, und das heisst in nicht unerheblichem Ausmass sich entsprechend und aus eigenem Antrieb selber regulieren. Ordnung und kollektive Gesinnung, Institutionen und politische Kultur, müssen zueinander passen. Sie können einander befördern; sie können einander behindern (zuviel Kontrollmacht provoziert Sabotage und/ oder den passiven Widerstand der Untertanen); gut geht das Ganze jedenfalls nur, wenn die objektiv-institutionelle Struktur und die subjektiv-bewusstseinsmässige Moral aufeinander Bezug nehmen und etwa so in einem Wechselverhältnis stehen wie die Form und der Inhalt einer jeden gelungenen Äusserung menschlicher Kunstfertigkeit.

Auf diese Weise lässt sich die simple Wahrheit zusammenfassen, die sich hinsichtlich des Problems des Gemeinsinns im Zerrspiegel hobbistischer Naturzustände und mafiöser Politikverhältnisse zeigt: Ohne bürgerliche Gemeinschaftsorientierung, die im Einklang steht mit den Ideen der modernen rechtsstaatlichen, «überfamilialen» Demokratie, sind diese Ideen entweder völlig inexistent oder nichts anderes als eine Trompe-l'Œil-Kulisse für die elenden und bösen Szenen jenes immer wieder gespielten Stücks menschenmöglicher Politik, das

Die Wahrheit des Zerrspiegels

Leonardo Sciascia unter dem ironischen Titel *L'onorevole* in die Dialoge der Theaterbühne übersetzt hat.

Die Themen des Gemeinsinns, des lebendigen Geistes der Gesetze, aktuell ausgedrückt: der politischen Kultur oder – sehr altmodisch gesagt – der «Bürgertugenden», werden in der klassischen neuzeitlichen Rechts- und Staatsphilosophie allerdings nur am Rande verhandelt. Zentral sind für diese Philosophie ja unpersönlich-allgemeine Begriffe: die Konzeption der Verfassungsprinzipien, der begründeten Rechtsansprüche, die Idee des positiven Gesetzes. Nicht ohne Grund – die Neuzeit und die Begründer der liberalen politischen Philosophie im 18. und 19. Jahrhundert waren von tiefer Skepsis erfüllt gegenüber Ansprüchen an die personale Moral, die über jene minimalen Rationalitätserfordernisse hinausgehen, die schon aus dem normalen Eigeninteresse denkfähiger Handlungssubjekte abzuleiten sind. Will man es schroff formulieren, dann entwickelt die Neuzeit das Gegenprogramm zur Antike und insbesondere zu Platon und Aristoteles, denen die Bürger- und Herrschertugenden zentrale Merkmale der gut, genauer: der ideal funktionierenden Polisordnung fixierten.

Berühmt ist die aristotelische Lehre vom Kreislauf und Verfall der Verfassungen, die wesentlich von der notwendigen, aber allemal prekären Wirklichkeit der geforderten Bürger- und Herrscherqualitäten abhängt. Fehlen diese Tugenden und regiert stattdessen nur der individuelle Eigennutz, dann wird die (gute) Monarchie zur (furchtbaren) Tyrannei, die Aristokratie, die diesen Namen verdient, zur ungerechten Oligarchie und die «Politie», also die mehr oder weniger demokratische Selbstregierung verantwortungsbereiter und -fähiger Polisbürger, wird zur «Ochlokratie», zur Pöbelherrschaft.

Das antike Staatsverständnis, das den personalen Anforderungen an Bürger und Regierende grosses Gewicht gibt, erscheint vielleicht in vielen Punkten, pragmatisch betrachtet, realitätsfern und moralisch-normativ gesehen als allzu anspruchsvoll. Es mag, so wird eingewendet, zu überschaubaren, traditionsfesten, in langsamen Rhythmen sich verändernden Gesellschafts- und Verfassungsformen passen; in der Gegenwartsmoderne, in unserer von rascher Transformation, von hoher Mobilität in nahezu allen Bereichen menschlicher Tätigkeit und

Die Wahrheit des Zerrspiegels

von anwachsender Vielfältigkeit der individuellen und kollektiven Handlungschancen geprägten Welt aber sei ein solches Verständnis der politischen Verhältnisse und Sachnotwendigkeiten nicht mehr angemessen. So die gängige Kritik. Deren – partielle – Triftigkeit macht aber die Rücksichtnahme auf diese «Wahrheiten des Zerrspiegels» nicht hinfällig, die trotz allem demonstrieren, dass Institutionen und generell-abstrakt definierte Handlungsregulative allein nicht imstande sind, eine gute Ordnung und eine anständige Gesellschaftsform zu sichern. Beide Aspekte sind in die richtige Balance zu bringen: der Aspekt liberaler Reduktion von Tugenderwartungen und der Aspekt einer nüchternen («aristotelischen») Bürgerethik.

Daher vertritt der Gegner einer bloss ›institutionellen Staatstheorie nicht die konträre Gegenposition (zur neuzeitlich-liberalen politischen Philosophie. Einschub G. K.), etwa einen antiliberalen und antiuniversalistischen Kommunitarismus. Er stimmt dem Entlastungswert der Institutionen zu und ohnehin bejaht er die universalistischen Prinzipien, bezweifelt aber, dass sie ausreichen. Mit Menschen ohne jede personale Moral, mit der Konkurrenz eigennütziger Interessen allein, so seine Vermutung, lässt sich kein Staat machen».[15]

[8]
Begriffe des Gemeinsinns

Beginnt man nun aber das Verhältnis zwischen der subjektiven und der objektiven Seite gelingender politischer Zusammengehörigkeit genauer zu analysieren, die Beziehung zwischen einerseits individuellen Einstellungen, kollektiv wirksamen Werthaltungen und sozialen Verhaltensmustern und anderseits den explizit institutionalisierten Rechts- und Staatsstrukturen, dann stösst man leider sehr rasch auf ein kompliziertes Bündel von Relationen, das zu Differenzierungen und zu einiger Begriffsarbeit zwingt.

Wenn ich nämlich bisher von «Bürgertugend», «Gemeinsinn», gelegentlich auch von einer «politischen Kultur der staatsbürgerlichen Solidarität» und Ähnlichem gesprochen habe, dann sollte damit immer nur ein sehr grundsätzlicher und alle Spezifikationen umfassender Komplex von Voraussetzungen bezeichnet werden, der für den Bestand stabiler, anerkennungswürdiger und anpassungsfähiger politischer Ordnung unentbehrlich ist. Doch der Begriff der Bürgertugend entfaltet sich in eine Pluralität von Tugend*en*, sobald sein objektives Korrelat, die institutionelle Rechts- und Staatsidee, in ihren unterschiedlichen Dimensionen und Funktionen erfasst wird.

Es leuchtet ja sofort ein, dass es sinnvoll ist, zwischen der Definition derjenigen Bürgertugend zu unterscheiden, die man minimal erwarten muss, damit ein Gemeinsinn einigermassen gewaltfrei zu operieren vermag – nämlich die Haltung der Rechtstreue, die brave Bereitschaft zur Rechtskonformität –, und jener Bürgertugend, die über die blosse Loyalität zu den bestehenden Gesetzen hinausgeht und die auf eine eigenständige, selbstverantwortete Rechtlichkeit und Fairnessorientierung der Menschen zielt; also mehr sein will als ein autoritätsgläubiger Legalismus: der Rechtssinn «unter Vorbehalt elementarer Gerechtigkeit». Daher braucht eine liberale und moralisch anerkennungswürdige Gesellschaft, um zu bleiben, was sie sein möchte, auch den aufgeklärten und zivilcouragierten Rechtssinn von Bürgern und Bürgerinnen, die zwar wissen, dass sie nicht mit jeder Entscheidung des Staates einverstanden sein müssen, um diese dennoch für legitim

Begriffe des Gemeinsinns

halten zu können, die gleichzeitig aber nicht bereit sind, ihr kritisches und praktisch wirksames Urteil über die Einhaltung grundlegender politisch-moralischer Pflichten einfach zu suspendieren, wenn sie einer (formal vielleicht korrekten) staatlichen Anordnung nicht mehr gehorchen können (z. B. im Rahmen des Asylrechts oder bezüglich der Chancen privater Selbstbestimmung).

Dieser «Rechtssinn unter Vorbehalt elementarer Gerechtigkeit» ist mithin der in der individuellen Person verankerte Garant gegen das Abgleiten staatlicher Herrschaftsmacht in ein (rechtes oder linkes) Unrechtsregime böser Exklusionen – «Arier vs. Juden»; «Neger vs. Weisse», «Avantgarde des Proletariats vs. kapitalistische Ausbeuterklasse» usw.; Exklusionen, deren Zweck darin besteht, die markierten Feinde vom Schutz durch fundamentale Gerechtigkeitsprinzipien auszuschliessen.

Wie gesagt: Der «aufgeklärte Rechtssinn» tritt den Institutionen und Gesetzen einer einigermassen wohlgeordneten, anständigen Gesellschaft primär mit Vertrauensvorschuss entgegen. «Die Beweislast, dass eine Politik oder ein Gesetz massiv ungerecht sind, lädt er sich selbst auf, zumal dort, wo sie seine momentanen Interessen beeinträchtigen und er deshalb zur Parteilichkeit neigt.» [16] – Dass wir damit an das schwierige Problem des «zivilen Ungehorsams» geraten sind, sei wenigstens angemerkt, allerdings ohne damit ein neues Kapitel aufschlagen zu wollen. Wichtig bleibt indes die Einsicht, dass die Bürgertugend des «aufgeklärten Rechtssinnes» auch dort benötigt wird, wo wir es überhaupt nicht mit massiven Menschenrechtsverletzungen zu tun haben, sondern mit einem Kerngedanken liberaler Bürgerlichkeit, nämlich mit dem Gedanken, dass es eine Hauptaufgabe des modernen Staatswesens ist, die regulative Balance zu sichern zwischen dem Anspruch auf eine eingermassen faire Güter- und Lastenverteilung unter den Angehörigen einer gesellschaftlich-politischen Einheit und anderseits der Idee der Marktfreiheit.

Der «Rechtssinn unter Vorbehalt elementarer Gerechtigkeit» wird so zu einem eigentlichen Gerechtigkeitssinn, der sensibel dafür ist, dass alle institutionellen Arrangements – der ökonomische Markt genauso wie die Öffentlichkeitsarenen der organisierten Interessen und der klientelorientierten Partei(macht)politik – systematische Verlierer hervorbringen. Dagegen opponiert er; der Gerechtigkeitssinn verteidigt darum das, was nach der Logik selbst der rechtsstaatlich gebändigten Markt- und Politikpraxis sehr leicht übersehen und vergessen wird: die Lebenschancen künftiger Generationen; die Notwendigkeit, Kartelle jeder Art aufzubrechen; die Empathie für diejenigen, die – aus ganz diversen Gründen – mit den Schwierigkeiten ihrer Existenz nicht mehr fertigwerden.

An diesen Gerechtigkeitssinn, also an den «Gemeinsinn» in anspruchsvoller Bedeutung, scheint mir Montesquieu insbesondere zu denken, wenn er den letztlich ausschlaggebenden *esprit général* ins Spiel bringt, als jene Eigenschaft, die vor allem deswegen zur allgemeinen Bürgertugend gehört, weil sie nur allzu leicht von der eigentümlichen Rationalität professioneller Politikakteure überdeckt wird – die bekanntlich in erster Linie den allgemeinen Imperativen des Machterhalts und, in der Demokratie, den speziellen des Wahlkampfes gehorchen müssen.

Je nachdrücklicher gefragt wird, was «Gemeinsinn» beziehungsweise «Bürgertugend» denn genau bezeichne, desto mehr fächert sich die Sache auf; in aufeinander verweisende, aber inhaltlich verschiedene Haltungen des Rechts- und Gerechtigkeitssinnes, der liberalen Toleranz und der demokratischen Zivilcourage, der solidaritätsfähigen Citoyenneté und der bürgergesellschaftlichen Einsatzbereitschaft, das heisst dann des Gemeinsinnes *in engerer Bedeutung*, der sich in jenen freiwilligen gemeinnützigen Tätigkeiten realisiert, die einer «Versozialstaatlichung» der Gesellschaft entgegenwirken.

Wer das alles noch exakter entwickelt haben möchte, dem empfehle ich jetzt aber den Blick in ein Buch von Otfried Höffe (*Wirtschaftsbürger, Staatsbürger, Weltbürger. Politische Ethik im Zeitalter der Globalisierung*) [17] bzw. in die dort aufgelistete Literatur. Nicht verzichten darf ich jedoch auf ein paar Argumente gegen den notorischen Verdacht, «Bürgertum», «Citoyenneté», «Gemeinsinn», usw. seien im Grunde ideologische Kategorien; Euphemismen für borniertem Nationalismus, Xenophobie und selbstgerechten Gruppenegoismus.

[9]
Staatsbürgersinn, Patriotismus, Nation und Staat: ein Plädoyer

Unter die allgemeine Kategorie des Gemeinsinns fällt auch der «Patriotismus», der «Staatsbürgersinn» des *citoyen*. Patriotismus, richtig verstanden, ist durchaus eine Tugend. Der Auffassung, dieser Gemeinsinn sei ein Codewort für Chauvinismus, ist sowohl mit moralisch-normativen wie mit historisch-praktischen, aber auch mit strukturlogischen Überlegungen zu entgegnen.

Selbstverständlich wird ein Mensch mit «Staatsbürgersinn», das heisst mit «Patriotismus», «Vaterlandsliebe», «Nationalgefühl» und ähnlich antiquiert klingenden Eigenschaften, sich als Mitglied einer speziellen *community* verstehen, die ihm, im Vergleich mit den Nichtzugehörigen, Vorrechte wie das Partizipationsrecht an politischen Wahlen und Abstimmungen, möglichen Schutz durch die eigenen Diplomaten im Ausland usw. einräumt, anderseits aber auch Pflichten auferlegt. Und gewiss verbinden sich mit diesem Selbstverständnis Haltungen und Gefühle erhöhter Identifikation und Leistungsbereitschaft mit und gegenüber dem Eigenen – was umgekehrt die Einschränkung solidarischer Empfindungen und Motive im Hinblick auf Fremdes erzeugt. Diese Tatsachen widersprechen freilich nicht *per se* den Forderungen der universalistischen Moral der Moderne. Denn auch in ihrem Geltungsbereich kann es ja nicht verboten sein, Prioritäten zu setzen nach dem Prinzip: Jeder soll zur Linderung von Not beitragen, keiner aber zur Linderung der Not aller.

Deshalb darf und muss jeder Handelnde – bei Wahrung der elementaren Hilfspflichten, die gegenüber allen Mitmenschen als solchen gelten, wenn sie zum Beispiel als Flüchtlinge bei uns um Asyl bitten – eine Auswahl treffen und sich um jene Verantwortlichkeiten kümmern, die ihm aus seiner individuellen Situation in der Welt zuwachsen: als Vater um seine Pflichten gegenüber der Familie, als Nachbar um seine Nachbarschaftsverantwortung, als Bürger um seine Pflicht im Gefüge der staatlichen Solidargemeinschaft.

Staatsbürgersinn, Patriotismus, Nation und Staat: ein Plädoyer

In knappen Sätzen sagt Otfried Höffe dazu das Wichtigste:

«Wie man für die eigene Familie mehr Verantwortung trägt als für fremde Familien, so auch für das eigene Gemeinwesen mehr als für ein fremdes, da auch hier eine Gemeinschaft des Gebens und Nehmens, eine Solidargemeinschaft, vorliegt. Es versteht sich, dass man ihretwegen keine fremden Rechte verletzen darf. Die Haltung, die dieser Bedingung genügt, ist allerdings und unzweifelhaft universalisierbar. (Wir) können von einem ‹universalisierbaren Patriotismus› sprechen.» [18]

Zu dieser normativen Legitimation des eigentlichen Staatsbürgersinns tritt eine empirisch-sozialpsychologische, die ihre stärksten Belege in der historischen Perspektive findet, und zwar im Blick auf die Form und Wirklichkeit der Staatsbürgernation:

«Wenn man auf die vergangenen zwei Jahrhunderte schaut, muss man sagen, dass es neben der Idee der ‹Nation› keine andere Idee gegeben hat, die Menschen wirkungsmächtig zu einem Kollektiv zusammenzufassen fähig gewesen ist, so dass es dauerhaft handlungsfähig zu sein vermochte. Das hat nur die Nation geschafft. Auf diese Erfahrung setzen deshalb auch die heutigen ‹Staatenbauer›. Im Rekurs auf die Idee der Nation wollen sie jene umfassende politische Gemeinschaft schaffen, die Strukturen und Institutionen aufbaut, ein Parlament, eine Verwaltung, eine funktionierende Wirtschaft. – Ohne Nation ist das nicht möglich. – Ich sehe jedenfalls bislang keine Alternative. Gesellschaften, die keine Nation bilden, zerfallen in Gruppen, die nicht mehr fähig sind, ein – über die eigene eng definierte *community* hinaus – umfassendes Zusammengehörigkeitsbewusstsein zu entwickeln.» [19]

Was der Historiker Dieter Langewiesche kühl konstatiert, ist für den an den strukturellen Notwendigkeiten tragfähiger politischer Ordnung interessierten Theoretiker nicht weniger als die realgeschichtliche Antwort auf das politikphilosophische Basisproblem, wie ein verschiedene soziale und ethnische Gruppierungen umfassendes Zusammengehörigkeitsgefühl zustande kommen kann, dessen Bestand eine politische Einheit im eigentlichen Sinn überhaupt erst ermöglicht.

Dazu eine nun leider ziemlich abstrakt argumentierende Überlegungsskizze; wer will, darf sie überspringen und gleich mit dem nächsten Kapitel beginnen. Für die systematisch argumentierende politische

Staatsbürgersinn, Patriotismus, Nation und Staat: ein Plädoyer

Philosophie ist sie freilich von elementarer Bedeutung. Entscheidend ist die Einsicht, dass Nationen und die von ihnen zu erbringenden Leistungen zuallererst einer funktionalen Notwendigkeit und keiner romantisch verklärten Gemeinschaftsideologie entspringen. Das zeigt sich sofort, wenn man sich das Schlüsselproblem des Politischen vor Augen hält:

Politische Einheiten im eigentlichen Sinn kristallisieren sich nämlich mit der Lösung der Frage aus, wie sozial verbindliche Handlungsmacht zugunsten rechtlich legitim regulierter Gewaltbändigung, also zugunsten der Überwindung des «Naturzustandes», zustande kommen kann. Solche Handlungsmacht setzt voraus, dass es in irgendeiner Weise ein Zentrum der Entscheidung gibt, das über die jeweils letzte, das heisst über die am Ende ausschlaggebende und wirklichkeitsprägende Wahlmöglichkeit verfügt. Ebenso setzt solche Handlungsmacht voraus, dass die gegebene Tatmacht und das gegebene Handlungsbedürfnis beziehungsweise die gesetzten Handlungsziele einander entsprechen. Im nichtgewaltfreien Raum des Politischen kommt hinzu, dass die gegebene Handlungsmacht zu konsequenzreicher Gewaltverwendung vermögend ist.

Das alles sind nicht von irgendeiner nationalistischen oder sozialdarwinistischen Weltanschauung inspirierte Postulate, sondern rein funktional beschreibbare Anforderungen an die politische Einheit als solche, denen diese genügen muss, will sie das für sie strukturbildende Ausgangsproblem bearbeiten. Im Übrigen bedingen diese Anforderungen mit höchster Wahrscheinlichkeit Beschränkungen der politischen Einheit: als grenzenlos zuständig beziehungsweise universal inklusive ist sie nicht realistisch vorstellbar. Dies bestätigt sich erst recht, wenn man das Konzept der handlungsfähigen politischen Einheit auf die Idee *demokratischer* Herrschaft bezieht; was insofern naheliegend ist als demokratische Herrschaft zu etablieren, die zentrale Orientierung der Moderne ist.

Eine unabdingbare Voraussetzung der Lebensfähigkeit jeder Demokratie besteht aber zweifellos in der Forderung, über einigermassen intakte und glaubwürdige Handlungsmacht zu verfügen. Fehlende Handlungsmacht zersetzt die soziale Verankerung auch eines demokratischen Systems: Demokratie ohne Handlungsfähigkeit ist ein leeres Wort, und politische Herrschaftsmacht ohne Demokratie ist faktisch instabil und normativ hinfällig.

Womit ich endlich bei der Bedeutung von «Nation» als der *realgeschichtlichen* Antwort auf die Grundfrage nach der Möglichkeitsbedingung von demokratischer politischer Ordnung angelangt bin: Funktionierende Demokratien verlangen das Bestehen von Gemeinsamkeitsfaktoren, die den demokratischen Souverän in wirksamer Weise als «Wir, der Demos» erfahrbar und damit auch aus der Innenperspektive des Einzelnen verbindlich machen; ein Erfordernis, das ein wiederum funktional, aus den Möglichkeitsprämissen von Demokratie ableitbares Postulat ist. Ein Lob des Chauvinismus ist daraus niemals zu gewinnen. Dennoch ist klar, dass sich *diese Notwendigkeit subjektiv erfahrbarer Gemeinschaftlichkeit* unmittelbar mit den geschichtlich-kulturellen Vorgaben und Differenzen verbindet, in denen sich die menschliche Sozialnatur allemal verwirklicht. Wenn das aber gilt, dann ist die Wirklichkeit nationaler Zusammengehörigkeit notwendigerweise auch mit der Differenz zwischen dem Eigenen und dem Fremden verknüpft: Jede politische und demokratische Wir-Einheit benötigt, um sein zu können, was sie sein soll, Identität, Limitation der Zuständigkeiten (wovon «Souveränität», d.h. Letztentscheidungsrecht, nur ein Aspekt ist) und eine dem Extremfall standhaltende Kohärenz. Diese Anforderungen lassen sich bei Berücksichtigung der menschlichen Sozialnatur in der Tat nur durch die Identifikation mit historisch vorgegebenen Partikularitäten realisieren: Darum sollen Bürger, altmodisch gesagt, «ihr Vaterland lieben».

Als je historisch-partikular realisiert (und dadurch implizit auch stets mit der eigenen Zufälligkeit konfrontiert) unterliegt die handlungsermöglichende Identität der politischen Wir-Einheit nun zwar leicht einer sich selber verstärkenden Tendenz zur Betonung der Differenz und Wahrung der besonderen Eigentümlichkeit; einer Tendenz, die empirisch-identitätstheoretisch einigermassen einfach zu erklären ist (Nationalismus und nationalistische Auserwähltheitsphantasmen gehören sozusagen zur normalen Pathologie des Politischen), doch diese Tendenz ist *nicht* sachnotwendig. Sachnotwendig ist einzig eine besondere Identifikation der Bürger mit dem «Eigenen», und dieses «Eigene»

Staatsbürgersinn, Patriotismus, Nation und Staat: ein Plädoyer

ist das Resultat der unerlässlichen Anpassung der Handlungsfelder an die je gegebene Handlungsmacht und umgekehrt.

Aus all dem folgt, dass ich gegen die Meinung, prinzipiell seien alle denkbaren, auf die Idee eines gemeinsamen Wohls ausgerichteten Kollektive als gleichwertig anzuerkennen und zu behandeln, und für die Geltung einer *Hierarchie* argumentiere; und in diesem Zusammenhang auch die Unentbehrlichkeit der (Staatsbürger-)Nation behaupte, sowie des sie tragenden kollektiven Empfindens.

Weil gerade unter den Prämissen der Moderne die Bewältigung des sozialen Basisproblems – die Lösung des Problems, wie die im menschlichen Zusammenleben ursprünglich stets und überall einsatzbereite Gewalt unterdrückt beziehungsweise eingedämmt und kontrolliert werden kann – die Wirklichkeit und Wirksamkeit partikularer, aber gleichwohl umfassender, viele *communities* integrierender Gruppenverbände von sehr anspruchsvoller Konstitution verlangt, ist die Ermöglichung, die Existenz und die Erhaltung solcher Formationen *das Primärthema jeder Bemühung um das Allgemeinwohl.*

Wenn die Grundfrage der politisch-praktischen Vernunft: «Was sollen wir tun, um gut und richtig zusammenleben zu können?» lautet, dann ist die Durchsetzung und Bewahrung jener *Fundamentalinstitutionen*, die den sogenannten «Naturzustand» zu verlassen erlauben, die erste Antwort, auf die alles Weitere aufbaut.

Elementare Ordnungsstiftung im Verein mit der demokratisch reflektierenden Form öffentlicher Willens- und Entscheidungsfindung, die Abstützung dieser Leistungen durch die gewachsenen Strukturen einer bestimmten geschichtlich-kulturellen Welt, also die Effekte von politischer Gemeinschaftlichkeit auf die Mitglieder des Demos, sodass diese zu Subjekten kommunikativ-diskursiver Handlungsprozesse werden können: diese Wirkungen begründen, dass das vorrangige *bonum commune* immer noch nichts anderes als der demokratisch-aktionsfähige (Einzel-)Staat und damit die Wirklichkeit der (Staatsbürger-)Nation sein kann. Ohne das den psychopolitischen Realitäten entspringende Zusammengehörigkeitsgefühl des partikularen, aber *communities* übergreifenden Nationalbewusstseins ist auch heute keine standfeste demokratische, staatlich-politische Ordnung denkbar. «Staatsbürgersinn» als normativ erhoffte (Staats-)Bürgereigenschaft ist die ausdrückliche theoretische und praktische Reflexionsform dieser Tatsache.

«Patriotismus» darf mithin durchaus auch als «Tugend» bezeichnet werden. Das braucht niemanden zu erschrecken, denn mit diesem Patriotismus müssen drei Dinge jedenfalls vereinbar bleiben: Erstens, dass er als wohlverstandener Bürgersinn immer auch *common sense*, das heisst praktische Klugheit in einer sehr offenen und selbstkritischen Art zu sein vermag; zweitens, dass er Konflikte und scharfe Auseinandersetzungen zwischen den Staatsbürgern und -bürgerinnen nicht ausschliesst; drittens, dass er zugleich mit *transnationaler* Solidarität kompatibel und für kosmopolitische Selbstüberschreitung kein grundsätzliches Hindernis ist. – Womit ich noch einmal auf das Thema «Gemeinsinn und *common sense*» zu sprechen kommen möchte.

[10]
Common sense und die Hirschman-These

Das deutsche Wort «Gemeinsinn» ist übersetzbar durch den englischen Ausdruck *common sense*; jedenfalls dann, wenn man nur auf die primäre Bedeutung der beiden Bestandteile *common* und *sense* achtet. Mit dieser Feststellung habe ich begonnen und hinzugefügt, dass die semantischen Felder, die zum jeweiligen Gebrauch der beiden Begriffe gehören, sich in den grösseren Bereichen ihrer Verwendungsformen unterscheiden und keineswegs deckungsgleich sind. Freilich, eine gemeinsame Schnittmenge gibt es, und zwar aus sachlich triftigen Gründen. Für die allgemeine Bürgertugend des «Gemeinsinnes» sind eben auch Haltungen, Fähigkeiten und Orientierungen charakteristisch, die man typischerweise mit dem *common sense* als dem Inbegriff nüchterner Realitätswahrnehmung und «gesunden» Menschenverstandes verbindet – nämlich die klassischen Eigenschaften der Besonnenheit und Klugheit, der Gelassenheit und der abwägenden, selbstständig entscheidenden Urteilskraft.

Besonnenheit erlaubt, dem aufmerksamkeitsheischenden Alarmismus und der Übertreibungslogik der zeitgenössischen Medienwelt zu widerstehen – und ebenso der Tendenz, aus realem Schrecken Unterhaltung zu machen (Infotainment ist das passende Unwort für diese offensichtliche, aber fatale Neigung). Besonnenheit – *sophrosyne* heisst sie in der aristotelischen Lehre der Lebensklugheit – ist nicht nur für privates Gelingen wichtig, sie ist auch eine eminent politische Kompetenz. Denn dort, wo sie Verbreitung gefunden hat, bei den Wählenden, Stimmenden, Agierenden einer politischen Gemeinschaft, da darf man der Demokratie und deren Regeln jenen Kredit geben, den ihr die Skeptiker so gern versagen, die von der «Tyrannei der Mehrheit», der «Verführbarkeit der Massen», der notorischen und schon von Platon kritisierten Unvernünftigkeit des Demos warnen.

Zum *common sense* als Bürgertugend zählt neben der Verblüffungsfestigkeit derer, die genug gesehen haben, um sich nicht von jeder Unterbrechung der Normalität nervös machen zu lassen, gleichfalls das intellektuelle Talent der Selbstüberschreitung: das Vermögen, ein Problem aus verschiedenen Blickwinkeln zu erfassen; also das Vermögen, das Eigene auch aus der Position von *alter ego* zu sehen, und darum in der Lage zu sein, spezielle von verallgemeinerungsfähigen Interessen zu unterscheiden, das heisst, das allgemein Zumutbare vom unzumutbaren Spezialwunsch und vom allein privatverbindlichen Bedürfnis zu trennen.

Politische Klugheit bildet so die Basis einer demokratischen Deliberation. Sie ermöglicht Vermittlung zwischen divergenten Perspektiven, die Findung von Lösungen und Kompromissen, wo sonst Blockaden, der Kollaps kollektiver Handlungsfähigkeit drohen. Und schliesslich ist eine gelassen überlegende und dem persönlichen Empfinden folgende *Urteilskraft*, die den Konsequenzen ihrer Entscheidung nicht ausweicht, sowohl ein Wesenszug des bürgerlichen Gemeinsinns wie des *common sense* überhaupt.

Wer über Urteilskraft verfügt, ist entscheidungsfähig, weil er (oder sie) weiss, wo und wie die allgemeinen Prinzipien im Einzelfall – also dort, wo es um reales Handeln geht – anzuwenden sind. Urteilskraft, so Kant, entwirft nicht Ideen (das ist die Aufgabe der Vernunft), sie bildet nicht Begriffe (das macht der Verstand); sie versteht, Ideen und Begriffe in der konkreten Situation auf die je gegebenen Umstände richtig zu beziehen. So ist sie das eigentlich praktische und praxisleitende Organ des menschlichen Geistes.

Wer auf menschliche Weise, also mit Verstand und Vernunft, tätig sein will, der benötigt *common sense* oder eben Urteilskraft. Durch sie realisiert sich die Individualität der Person gleichermassen wie deren Rationalität. Denn als Urteilende sind wir stets beides: unvertretbar Einzelne *und* Teilnehmer am übergreifenden, unaufhörlichen Prozess der Gemeinschaft vernünftiger Lebewesen auf der Suche nach dem jeweils angemessenen und richtigen Entscheiden und Tun.

Menschliche Intelligenz ist eingebunden in Strukturen sozialer Geltungsmacht. Sie ist, ob sie es will oder nicht, abhängig von Traditionen, von Regeln der Kommunikation, von Auseinandersetzung, von Verständigungsarbeit, vom Widerspruch und vom Gespräch. Als Urteilende sind wir darum unvermeidlich die Angehörigen einer *Urteils-*

Common sense und die Hirschman-These

gemeinschaft – freilich ohne in dieser als die Subjekte, die wir sind, restlos aufgehen zu können; vor allem aber auch: ohne das zu *dürfen*. Denn ob als Moment von *common sense* oder als Element des Gemeinsinns, Urteilskraft im wahren Wortsinn ist nur dann am Werk, wenn sie selbstverantwortlicher Vollzug von «Selbstdenken» (um es kantisch zu sagen) und nicht Ausdruck des «Man» [20] ist; wenn sie nicht Sprachrohr einer herrschenden Meinung ist, sondern eigenständige praktische Stellungnahme.

Common sense, allgemein gewordenes «Selbstdenken» als normalerweise erwartbare Kompetenz der Mitglieder einer politischen Körperschaft, ist die subjektive Basisvoraussetzung gelingender Demokratie. Wer auf ihre Wirkung nicht setzen mag, der kann an die Möglichkeit demokratischer Autonomie nicht glauben. Wer es tut, der weiss aber auch, dass solcher *common sense* die Realität von Konflikten und Auseinandersetzungen nicht nur nicht verhindert, sondern fast notwendigerweise provoziert.

Die Frage drängt sich darum auf, ob Konflikte und demokratische Zusammengehörigkeit am Ende nicht einander schädigen. Die Antwort klingt auf den ersten Blick überraschend, aber tatsächlich ist das Umgekehrte der Fall: Demokratie braucht den Konflikt, um lebendig zu bleiben. Uneinigkeit und selbst tiefe Dissense unter den Angehörigen der politischen Gemeinschaft kennzeichnen notwendigerweise die Gestalt der pluralistischen, liberalen Demokratie.

Dieser Tatbestand charakterisiert insbesondere demokratische Grossräume, die von der Dynamik der marktwirtschaftlichen Zivilisation mobilisiert werden. Darauf verweist im Rahmen einer Debatte über den Wert und die Unentbehrlichkeit von Gemeinwohl und Gemeinsinn der Wirtschaftshistoriker und Sozialökonom Albert O. Hirschman:

«Konflikt ist (…) ein Kennzeichen pluralistisch-marktwirtschaftlicher Gesellschaften, das mit bemerkenswerter Häufigkeit auftritt. Parallel zu technischem Fortschritt und der daraus resultierenden Schaffung von Einkommen und Wohlstand, bringt die marktwirtschaftliche Gesellschaft immer wieder (…) Konflikte hervor. Diese (…) ergeben sich hauptsächlich aus neu entstehenden Ungleichheiten sowie aus dem Niedergang eines

Common sense und die Hirschman-These

Wirtschaftszweiges oder einer Region als Gegenstück zu den dynamischen Entwicklungen anderswo in der Wirtschaft. In Gesellschaften mit Redefreiheit und Versammlungsrecht tendiert die Sorge um solche Angelegenheiten dazu, sowohl diejenigen zu mobilisieren, die direkt davon betroffen sind, als auch Bürger, die für soziale Gerechtigkeit sensibel sind. Daher werden Forderungen nach Ausgleich und Reform laut, Forderungen, die sowohl auf Eigeninteresse als auch auf Besorgnis um das Gemeinwohl basieren. Das Geheimnis der Vitalität der pluralistisch-marktwirtschaftlichen Gesellschaft und ihrer Fähigkeit, sich selber zu erneuern, liegt in dieser Verbindung und in den häufigen Ausbrüchen von solchen Problemen und Krisen. Die Gesellschaft bringt einen anhaltenden Strom von Konflikten hervor, denen man sich widmen muss und die die Gesellschaft zu regeln lernt.»[21]

Hirschman beschreibt die Lebenskraft der Marktgesellschaft mit Hinweis auf ihre politische, rechtsstaatlich-demokratische Basis. Deren Strukturen: der verfassungsstaatliche Prozeduralismus, der den «Strom von Konflikten» aufnimmt und umarbeitet in (je nur temporär gültige) Entscheidungen; das Netzwerk der Öffentlichkeit, das Positionen resonant macht und aufeinander bezieht; die politische Kultur, die aus der Erfahrung lebt, dass Konflikte eine konstruktive Rolle in sozialen Beziehungen zu spielen vermögen, ja, dass sie selber diejenigen wertvollen Bindungen hervorbringen, die demokratische Gesellschaften mit dem nötigen Zusammenhalt versorgen:[22] diese politisch-gesellschaftliche Gesamtformation ist es also, die sich im sogenannten «Westen» immer wieder bewährt hat und die den Systemwettbewerb des 20. Jahrhunderts als einzige Kandidatin erfolgreich zu bestehen vermochte.

[11]
Das Modell «Willensnation» und die «deliberative Demokratie»

Das Beispiel der ökonomischen Verteilungskonflikte, von dem Hirschman ausgeht, *ist pars pro toto*; es erlaubt aber gleichzeitig nicht den Schluss, dass *alle* Spannungen und Kämpfe – also auch solche, in denen es eher um die Anerkennung zentraler kultureller Differenzen geht als um soziale Ungerechtigkeiten – innerhalb einer und derselben Grundordnung gelöst werden könnten. Die gemeinwohlsichernde Behandlung derartiger Konflikte verlangt darum eine besondere Anstrengung: die schwierige Ausweitung des Modells «Integration durch Austrag von Widerspruch» selbst auf so ausserordentlich verschärfte Gegensätze, die mit den Schrecken einer Bürgerkriegssituation verbunden sind. Auch hier geht es nicht ohne *common sense*. Denn *common sense* ist nicht zuletzt deshalb *common*, weil er die Frucht geteilter schlimmer Erfahrungen ist.

Das liefert die Erklärung dafür, weshalb er gerade im Fall von Anerkennungskonflikten so wichtig werden kann. Stets gilt ja der Satz, dass man Konflikte zuerst verstehen muss, bevor man fähig ist, sie zu schlichten. Und verstanden werden können sie eigentlich nur, indem man sie durchlebt hat. Was zugleich bedeutet, dass sie ausgehalten worden sind. Und die Grundlage dafür, sie schliesslich aufzulösen, ist eben die unter Umständen sehr schmerzhaft erworbene Einsicht, dass alles andere besser ist, als sie mit Gewalt fortsetzen zu wollen. So mag es zu guter Letzt möglich werden, selbst radikale Antagonismen aus der verfestigten Entweder/Oder-Perspektive herauszurücken und sie endlich in einen Mehr-oder-Weniger-Streit [23] zu verwandeln, in jene Form also, für die der demokratisch-rechtsstaatliche Prozeduralismus und der für ihn typische Bürgersinn geeignet sind.

Die prinzipielle Überwindung feindseliger Kontrapositionen und des sie begleitenden Heroismus todesmutiger Kampfbereitschaft ist eine gesellschaftliche Leistung, die dann umso schwieriger wird, wenn sie sich *nicht* der Wiederholung einer Freund/Feind-Differenz auf höherer Ebene verdankt. Durch den Bezug auf einen gemeinsamen Feind

Das Modell «Willensnation» und die «deliberative Demokratie»

sich zu einigen, ist ja gewissermassen der anthropologische Normalmodus für die Beseitigung ehemaliger Gegnerschaft. Das Schema dieser Integrationsform war ganz offensichtlich auch der herrschende *modus operandi* der europäischen Nationalstaatsbildung im 19. und in der ersten Hälfte des 20. Jahrhunderts. Doch dieses Schema produziert evidenterweise nur die Wiederkehr der alten Unheilserfahrung auf neuer Ebene, die Verlängerung der Kriegslogik durch ihre Verschiebung auf ein anderes Terrain. Die nachhaltige Überwindung des fatalen Mechanismus kann darum nur mit der Einführung jenes Politikstils gelingen, den Hirschman beschreibt und der demokratische Gemeinsamkeit durch den Ausdruck von Differenz zu erhalten und zu erneuern verspricht. Historisch gesehen ist das unwahrscheinlich, aber der *common sense* und die kollektive Erinnerung an die grossen Kriege der letzten 150 Jahre machten mindestens in Europa trotz allem diese diskursbasierte, dissensfähige, zivil-, nicht nationalgesellschaftliche Politikvorstellung der gemeinschaftsfördernden Konfliktfähigkeit einleuchtend, die heute überwiegend durch den Verfahrensbegriff der «deliberativen Demokratie» definiert wird. [24]

Klar ist: Die deliberative Demokratie ist ein Kollektiv aus menschlicher Freiheit, kein Gebilde der Schicksalsmacht. Das «Wir» der demokratisch verfassten, nichtnationalistischen und nichtethnizistischen politischen Gemeinschaft ist nichts, das als irgendwie naturhaft vorgegeben zu konzipieren wäre. Das Wir der gegenwartsadäquaten, demokratisch-liberal organisierten Bürgereinheit ist «Demos» – das Gegenteil einer durch Blut-und-Boden gestifteten Abstammungsgemeinschaft (was *natio* ja ursprünglich bedeutet). Es ist die – gewiss *auch* historisch bedingte und ermöglichte – spezielle Zusammengehörigkeit von Menschen, die sich primär aus der gewachsenen und verfassungsrechtlich strukturierten Möglichkeit kollektiver Willensbildung ergibt, versteht und bestätigt. Und es realisiert das, was in der Schweiz seit Langem als das Bewusstsein der «Staatsbürger-» beziehungsweise «Willensnation» bezeichnet wird: ein, um es paradox zu formulieren, nichtnationalistisches Nationalbewusstsein, das auch zwischen «Wir» und «Ihr» friedlich zu unterscheiden weiss, indem es vor allem anderen auf seine spezifischen Verfahren der Willens- und Entscheidbildung vertraut. [25]

Das Modell «Willensnation» und die «deliberative Demokratie»

Nun ist auch diese Demos-Identität trotz allem die Identität einer partikularen, begrenzten, also nach wie vor über In/Out-Unterscheidungen fixierten politischen Einheit. Die sachliche Wichtigkeit dieser Partikularität zu erweisen, ist ja stets ein zentraler Punkt meiner Argumentation gewesen. Das könnte zum Einwand führen, selbst die deliberative Demos-Identität bleibe jener Exklusionslogik verhaftet, die übergeordnete, kosmopolitische, den Partikularismus der eigenen Selbstbehauptung transzendierende Gesichtspunkte verhindert. Die Antwort darauf lautet wie bei der Verteidigung des Patriotismus: Die Tatsache, dass – empirisch betrachtet – die Neigung zu solcher Perspektivenverengung unleugbar stark ist, bedeutet nicht, dass sie notwendigerweise zum System deliberativer Demokratie gehört. Die für *kosmopolitische Selbstüberschreitungen* offene, partikularistisch nicht erblindete Gemeinwohlbestimmung im Rahmen des rechtsstaatlich-demokratischen Prozeduralismus ist, empirisch-faktisch betrachtet, ebenso möglich, wie sie sowohl aus normativ-legitimationstheoretischer wie aus pragmatischer Sicht notwendig ist.[26]

Nach all diesen sehr allgemein argumentierenden Überlegungen ist es nun höchste Zeit für den genauen Blick auf das eigene Land – auf die exemplarische «Willensnation», die – nicht nur von mir – so gern als *das* Modell gegenwartstauglicher Demos-Identität ins Spiel gebracht wird.

[12]
Was ist das, ein «Land»?

Die Schweiz ist ein Land, das auf spezielle Weise vom Gelingen der Verständigung mit sich selber lebt. Einerseits sind explizite Grundsatzdebatten über den eigenen Sinn und Platz in der Geschichte gerade nicht die starke Seite der Schweizer, anderseits ist sich das Land – mindestens seit der Mitte des 19. Jahrhunderts – seiner Abhängigkeit von der stets wieder neu zu formulierenden *volonté générale* des Volkes (der Bevölkerung?) immer bewusst gewesen. Der Begriff der «Willensnation» ist der zum Schlagwort gewordene Ausdruck dieses Bewusstseins. Die helvetische Selbstverständigung geschieht allemal indirekt als (und über die) Verarbeitung konkreter, aber symptomatischer Problemstellungen. Nämlich in der Beschäftigung mit aussenpolitischen Beitrittsentscheidungen, als Auseinandersetzung mit der Ausgestaltung der AHV und des sogenannten *service public* oder über die Frage, was mit dem eidgenössischen Milizheer geschehen soll, usw.

Nach der Jahrhundertwende, im Zeitalter der Globalisierung, ist der schweizerische Prozess der kollektiven Identitätsbehauptung im Diskurs über die unmittelbar dringlichen Aufgaben freilich um einige Steigerungsgrade anstrengender geworden, weil jetzt selbst sein eigener Sinn nicht mehr vorausgesetzt werden darf: Was hält uns überhaupt noch zusammen, und was macht es nötig, über «unsere» Probleme nachzudenken? Wer sind «wir»? Und was ist das – «unser Land»? Überhaupt «ein Land»? Ein «Land», das vorkommt in Wortverbindungen wie «Landesausstellung», «Landesverteidigung» oder «Vaterland»? – Probieren wir ein paar Ersatzwörter. Ein «Land» – ist das die «Heimat»? Oder ist es das Staatsgebiet, das den Staat räumlich begrenzt, dessen staatsrechtlicher Bürger oder Bürgerin ich bin? Ist es also so etwas wie der geografische Aspekt der (Staatsbürger-)«Nation»? Wird es, so gesehen, zum metonymischen Begriff für die (letztlich politisch definierte) Gemeinschaft, der man sich zurechnet beziehungsweise der man zugerechnet wird? Oder meint «Land» nicht vielleicht doch noch etwas Stärkeres, nämlich die physische Landschaft, als deren Wirkung ein Volk – «mein Volk» – zu begreifen ist; den begrenzten und bestimmenden, territorialen Lebensraum, der das besondere

Was ist das, ein «Land»?

Kollektiv prägt, mit dem ich als dessen Mitglied ein Wir-Verhältnis unterhalte? «Wir», die Schweizer und Schweizerinnen, als Eingeborene des Schweizerlandes?

Die zuletzt vorgeschlagene Erläuterung dürfte am ehesten dem nahekommen, was wir implizit im Sinn haben, wenn wir von «unserem Land» sprechen und dabei annehmen, dass eigentlich jeder und jede, wenn sie auch nicht zu «uns» gehören, doch ebenfalls «ihr» Land besitzen.

Die gegebene Worterklärung («Land» als der bestimmende Lebensraum eines «Volkes» und als Metonymie für die Gemeinschaft der diesem Lebensraum Eingeborenen) scheint einigermassen zuzutreffen, dennoch will sie nicht recht gefallen. Und zwar nicht, weil sie nicht stimmen würde, sondern weil sie auf ein Verständnis von «Volk», Ansässigkeit und Herkunftsmacht verweist, das nicht mehr zeitgemäss ist. Doch bevor ich näher auf diese Schwierigkeit eingehe, zwei Feststellungen zur eben vorgeschlagenen Erläuterung:

Erstens wird vorausgesetzt, dass zu einem «Ich» ein «Wir» gehört; und zu jedem «Wir» so etwas wie «ein Land», ein auf der Weltkarte fixierbarer Ort, wo dieses «Wir» ursprünglich zu Hause ist. Zweitens lässt sich an der Tatsache solcher, an sehr vertrauten, aber selten reflektierten, alltagssprachlichen Wendungen abzulesender Zusammenhänge erkennen, dass wir immer noch gewohnt sind, das Selbstverständnis individueller und kollektiver Personen in enge Beziehung zu ihrer räumlich-landschaftlichen Herkunft zu setzen. Jemand ist eben – so reden wir noch mehr oder weniger selbstverständlich – ein «Städter» oder ein «Dörfler», ein «Bergler» oder ein «Küstenbewohner», ein «Schweizer» oder ein «Lusitanier».

«Land» sei der prägende Lebensraum der politischen Wir-Gruppe, die ein «Volk» oder eine «Nation» bildet. Der solchem Wortgebrauch zugrunde liegende Gedanke: dass das geografische Territorium mit seinen Besonderheiten, das «Volk», das in ihm zu Hause ist, sowie das die ansässigen Bewohner verbindende Wir-Bewusstsein eine primäre, gewissermassen ursprünglich-kausale Dreifaltigkeit darstellen, ist eine Überlegung, die den Inhalt des Konzepts «Land» seit Langem

Was ist das, ein «Land»?

bestimmt. Dazu nur ein Beispiel, nämlich die Schweizland-Analyse Meinrad Inglins. Sie wurde 1928 geschrieben; und sie macht sogleich zweierlei sichtbar: die erwähnte Dreifaltigkeitskonstruktion und deren prinzipielle Antiquiertheit.

«Erinnern wir uns aber [...], dass wir die Heimat im Geheimnis der Einheit von Natur und Volk begründet sahen, die Landschaft ein Schicksalland und als wahre Eingeborene jene bezeichneten, die dem Schicksal ihrer Landschaft eingeboren sind. Der grossen schweizerischen Landschaft also waren die Bewohner aller Sprachgebiete eingeboren, und dies gemeinsame Schicksal offenbarte sich denn auch deutlich genug. Wo wären wir sonst! Niemals, bei uns so wenig wie anderswo, hätten guter Wille und menschliche Vernunft ausgereicht, ein mehrsprachiges Staatsgebilde so beispiellos in Europa durch alle Stürme hindurch zu erhalten; ein Tieferes war hier auf geheimnisvolle Art wirksamer, als die heftigsten Einflüsse aus dem scheinbar übermächtigen Umkreis, die Urverwandtschaft der Eingeborenen dieses Landes. Von hohen Gipfeln aus ist sie fast zu überschauen, aber wem sie auch nie als Ganzes sichtbar vor Augen lag, dem wird sie sich doch, wenn er ihr Einzelnes in unserem Sinne erfährt, vor der inneren Anschauung zum Ganzen schliessen. Sie ist da, allen Sinnen nahe, doch unbegreiflich, eine bestürzende Wirklichkeit, Urlandschaft noch heute wie vor tausend Jahren. [...] Dieser Erdenraum, der mit seiner Luft, seinem Himmel, seinen Quellen und Kräften dem eingeborenen Urgrund seiner echten Bewohner geheim verbunden ist, besteht trotz den flüchtigen Geschlechtern, die oberflächlich darüber hin leben, noch unerschöpft fort.»[27]

Ich habe diesen Text nicht zitiert, um mich über ihn lustig zu machen. Er dient als Exempel: sowohl für die konzeptionelle Struktur, die hinter dem Begriff des «Landes» steht, und wie für deren zeitgenössisches Veraltetsein. Denn in der Welt, in der wir heute leben, ist diese Wurzelgrundvorstellung des «Landes», diese der agrarischen Kultur der Sesshaftigkeit entstammende Lehre der formativen Kraft des Bodens und der territorialen Bedingungen, ganz einfach «daneben», das heisst, sie passt nicht mehr zu den Umständen, unter denen heute menschliche Gemeinschaften existieren, sich formieren und sich behaupten müssen.

Mit dieser Idee ist im globalen Zeitalter aber auch eine ganze Reihe von weiteren Schlüsselkonzepten fragwürdig geworden, durch die wir den für den politisch-sozialen Bereich basalen Zusammenhang von

Individuen, Gruppen und Gesellschaften zu erfassen gewohnt sind beziehungsweise waren; die Nationalstaatlichkeit insgesamt ist als psychopolitische Idee in die Krise geraten.

[13]
Die Krise der Nationalstaatlichkeit.
«La Suisse n'existe plus»

Die historisch gewachsene «Nation» und ihre institutionelle Form, der «Nationalstaat», waren im Verein mit den sie tragenden psychopolitischen Fundamenten, den Überzeugungen und Solidarhaftungen eines umfassenden Bürgersinns, die wichtigsten Voraussetzungen, um eine stabile Rechts- und Friedensordnung zu realisieren. Aber diese Elemente – und unter ihnen vor allem die selbstverständliche Geltung von Bürgersinn und Solidaritätsverpflichtung – sind in den letzten Jahrzehnten fraglicher denn je geworden.

Das Stichwort heisst «Globalisierung». Die Prozesse der seit dem Ende des Kalten Krieges beschleunigten transnationalen und kontinentübergreifenden Ausdehnung und Vernetzung von Geschäftsbeziehungen, Informationsflüssen, Finanzverbindungen, Kulturtendenzen und Zivilisationsrisiken haben bis in die Kernzonen der europäischen Nationalstaatsgesellschaften hinein Zentrifugalkräfte freigesetzt, die das kollektive Selbstverständnis, die die orientierenden Sinnstrukturen, die den sozialen Kitt gemeinsamer Wertsysteme aufbrechen und sie – mehr oder weniger lautlos, aber umso unwiderstehlicher – auseinanderdriften lassen.

Man kann diesen Gedanken durch Metaphern ein wenig anschaulicher machen. Zum Beispiel dadurch, dass soziale Verbände als «Wohnräume» betrachtet werden. Das tut Peter Sloterdijk in einem inspirierten Aufsatz über die Probleme von Heimat, Bodenständigkeit und Gesellschaftsform in der gegenwärtigen Epoche:

«In unserer Zeit stellen sich alle Fragen der sozialen und personalen Identität unter dem Gesichtspunkt, wie in geschichtlich bewegten, risikoreichen Grosswelten überhaupt so etwas wie lebbare Formen des Wohnens oder des Bei-sich-und-den-Seinen-Seins eingerichtet werden können [...] Die [...] Globalisierungsnervosität spiegelt die Tatsache wider, dass mit dem Nationalstaat das bisher grösstmögliche Wohnverhältnis – gleichsam das Wohn- und Konferenzzimmer der demokratischen Völker (oder Volks-Einbildungen) – zur Disposition gestellt ist und dass es eben in diesem Nationalwohnzimmer hier

Die Krise der Nationalstaatlichkeit. «La Suisse n'existe plus»

und dort schon unangenehm zieht. Es war, wie man im Rückblick deutlicher erkennt, die Kulturleistung des modernen Nationalstaates gewesen, für die Mehrheit seiner Bewohner eine Art von Häuslichkeit, jene zugleich imaginäre und reale Immunstruktur bereitzustellen, die als Konvergenz von Ort und Selbst oder als regionale Identität [...] erlebt werden konnte. Diese Leistung wurde am eindrucksvollsten dort erbracht, wo die wohlfahrtsstaatliche Zähmung des Machtstaates am besten gelungen war. Durch die Globalisierung wird dieser politisch-kulturelle Häuslichkeitseffekt angetastet – mit dem Ergebnis, dass zahllose Bürger moderner Nationalstaaten sich auch zu Hause nicht mehr bei sich selbst und auch bei sich selbst sich nicht mehr zu Hause fühlen.»[28]

Sloterdijk erinnert mit dieser Diagnose an bekannte Stimmungen. Die Angst vor der sogenannten Überfremdung; das verbreitete Gefühl, die sozialstaatlichen Solidarsysteme seien auf die Dauer den Belastungen durch veränderte Arbeitsweisen, Einwanderung, längere Lebenszyklen und erweiterte Bedürfnisse nicht mehr gewachsen; die Erfahrung, dass den Wirkungen der wirtschaftlichen Konkurrenz im Regime des neuen Kapitalismus die öffentliche Regulierungsmacht nicht viel zu entgegnen hat – all dies zersetzt zwar nicht die prinzipielle Bereitschaft der Menschen zu Gemeinsinn und fairer, demokratischer Kooperation, aber es erschüttert das Vertrauen, solche Gemeinschaftlichkeit sei immer noch am besten im Rahmen nationalstaatlicher Bindungen und Grenzziehungen gefasst und aufgehoben. Freilich bleibt unklar, was an die Stelle dieser Orientierung treten soll. So verharrt man, um bei der Sloterdijk'schen Metapher zu bleiben, im Nationalwohnheim, im *homeland* des Gewohnten, aber mit wenig Begeisterung, *faute de mieux* sozusagen, und gleichzeitig gestresst von der Furcht, irgendwer oder -was könnte unvermutet einbrechen.

Diese Krise der Nationalstaatlichkeit ist schon lange keine nationale Angelegenheit mehr, sondern eigentlich nichts anderes als die Form- und Selbstgestaltungsunsicherheit der modernen westlichen Massengesellschaft (und speziell Europas), wo immer sich diese entwickelt hat, sei es in Norwegen, in Österreich oder in Spanien. Überall stösst man auf die Phänomene der Entbindung der Bevölkerung aus dem Volk; der Entfernung und Entfremdung mobilisierter Selbste von ihren Herkunftsörtern; der Entmächtigung dünnwandig gewordener Nationalstaatsburgen.

Die Krise der Nationalstaatlichkeit. «La Suisse n'existe plus»

Was alle europäischen Staaten heimsucht, verschont auch nicht die Schweiz, die Eidgenossenschaft. Insofern bildet diese keinen Sonderfall, sondern normale Durchschnittlichkeit: Die Globalisierung und «1989» – das zeitenscheidende Geburtsdatum des Aufbruchs ins 21. Jahrhundert – erschütterten hier wie anderswo die Fundamente der kollektiven Subjektivität und der sachlichen Gehalte des Zusammengehörigkeitsgefühls. Freilich ist das hier auch unter den speziellen Voraussetzungen einer besonderen und unverwechselbaren, «nationalen» Situation geschehen. Das erkennt man, wenn man überlegt und sich in Erinnerung ruft, in welch hohem Ausmass für unverrückbar gehaltene kollektive Überzeugungen seit damals erodiert sind.

Mit dem Ende der 1980er-Jahre begannen Jahre der Desorientierung. «*La Suisse n'existe pas*» bedeutet (in leichter Umdeutung des berühmten Mottos des Schweizer Pavillons der Weltausstellung von Sevilla) dementsprechend, dass sich in den bald zwanzig Jahren nach dem Schluss des Kalten Krieges ein Wandel vollzogen hat, der die «Identität», das Selbstbewusstsein des Landes, sehr grundsätzlich modifizierte – aber nicht destruiert hat.

1989 fällt die Berliner Mauer. In der Schweiz ist 1989 aber auch das Jahr der Abstimmung über die Abschaffung der Armee und das Jahr, in dem das neue Mitglied der Landesregierung zu wählen war, das die zum Rücktritt gezwungene erste schweizerische Bundesrätin ersetzen sollte. Und schliesslich war es das Jahr, in dem für die aufmerksamen Teile der Bevölkerung die Realitäten EG- beziehungsweise EU-Europas und seiner Ansprüche endgültig klar geworden sein mussten.

In diesen vier Ereignissen spiegeln sich die Brüche und das objektive Veralten jener grundlegenden Figur des nationalen Selbstbildes, die das schweizerische Bewusstsein seit Langem beherrscht hatte: Der Fall der Mauer und die darauf folgende Liquidation des Sowjetreiches zerstörte die geltenden Selbstverständlichkeiten und die wichtigsten Plausibilitätsgründe des schweizerischen Neutralitätskonzepts. Es selbst und seine Verknüpfung mit einer starken Armee und einer defensiven Aussenpolitik sind mit den alten Argumenten jedenfalls nicht mehr zu verteidigen. Die Volksabstimmung über den verfassungsmässigen Verzicht auf das eidgenössische Volksheer, die unter

Die Krise der Nationalstaatlichkeit. «La Suisse n'existe plus»

den jüngeren Stimmbürgern zum Teil zu Ja-Mehrheiten führte, markierte nicht bloss die Legitimitätsprobleme, in die die Idee der bewaffneten Neutralität geraten war, sie zeigte ebenso die schwindende Lust der Bürger, sich von persönlich belastenden Aufgaben in die Pflicht nehmen zu lassen.

Das berührte die zweite Kernidee der schweizerischen Identität: die Idee der Kleinstaatlichkeit, wenn man will: die traditionelle Idee der eidgenössischen *citoyenneté*, also die Idee, dass der Kleinstaat dazu «vorhanden ist, damit ein Fleck auf der Welt sei, wo die grösstmögliche Quote der Staatsangehörigen Bürger in vollem Sinne sind», wie Jacob Burckhardts klassische Formulierung in den *Weltgeschichtlichen Betrachtungen* lautet. Denn dort, wo den Bürgern das Gefühl dafür vergangen ist, dem *bonum commune* mehr als nur die fälligen Steuerraten zu schulden, verschwindet auch die spezifische qualitative Differenz zwischen Klein- und Grossstaatlichkeit. Und die öffentlichen Institutionen erscheinen dann sehr schnell für viele Menschen als das Instrument einer parasitären *classe politica*. – Es ist kein Zufall, dass die erfolgreiche Protestpartei der Jahrhundertwende, die SVP, diesen Begriff und seine Verwandten («Filz», «Elitismus», «Arroganz der Verwaltung» usw.) immer wieder zum Schlag- und Stichwort ihrer Opposition gegen die herrschenden Politiken machte.

Die sogenannte «Affäre Kopp» wurde schliesslich zum symptomatischen Knoten, in dem sich die verschiedensten Stränge linker und rechter Kritik, diffuse Strömungen von Unbehagen und Ressentiments und ein fundamentaler Zweifel an der geübten politischen Praxis der schweizerischen Kleinstaatlichkeit medienwirksam kurzschliessen konnten. Durch diese Affäre wurde die (in ihren strukturellen Ursachen schon in den sechziger Jahren diagnostizierte) «Helvetische Malaise» personifiziert und mit einem Eigennamen versehen (der freilich eher einem Opfer als einer Ursache dieser Malaise gehört).

Am stärksten unterminiert wurden die Prinzipien der schweizerischen Kleinstaatlichkeit und ihrer spezifischen Demokratie aber nicht durch irgendeine innenpolitische Krise, sondern durch die vom marktgesellschaftlichen Zivilisationsmodell vorgeschriebene Tendenz zur Suprastaatlichkeit und das heisst zur Verkürzung nationalstaatlicher

Die Krise der Nationalstaatlichkeit. «La Suisse n'existe plus»

Souveränitätsansprüche. Die Möglichkeit der Schweiz, den Sonderfallstatus, den sie vor sich selber und gegenüber anderen seit dem 19. Jahrhundert stets behauptet hatte, unauffällig durchsetzen zu können, wurde dadurch auf ein Minimum reduziert.

Immerwährende, bewaffnete Neutralität; Kleinstaatlichkeit und auf direkte Bürgerbeteiligung ausgerichtete Demokratie; Sonder- und Musterfall politischen und ökonomischen Wohlstands – das sind die drei Basiselemente jenes «Paradigmas Schweiz», das – als historisches Ergebnis der Zeit zwischen 1800 und 1990 – die selbstverständliche Grundlage unserer politischen Kultur und damit der auf sie ausgerichteten Institutionen und der das Regierungshandeln leitenden Strategien lieferte. Es bildete den national-ethischen Kern des helvetischen Basiskonsens.

«1989» bedeutet sein objektives Ende. Denn das Datum fixiert (wie 200 Jahre früher die Französische Revolution) den Umbruch in den grossgeschichtlichen Voraussetzungen, von deren Wirksamkeit und Geltung auch die Formationen der schweizerischen Identität allemal abhängen. Die neunziger Jahre des letzten Jahrhunderts wurden zum Krisenjahrzehnt. Doch was 1989 objektiv zu Ende ging, wurde damals subjektiv-bewusstseinsmässig weder wirklich vollzogen noch geistig verarbeitet. Allenfalls eine mulmige Verdrossenheit charakterisierte die helvetische Befindlichkeit; 1991 murrten nicht wenige, «700 Jahre sind doch genug ... .» Natürlich war das nicht besonders ernst gemeint. Darum war man bald darauf sehr erstaunt, ja erschrocken, als 1995 eine in den USA ausgelöste «Lawine der Kritik» [29] über die *Confoederatio Helvetica* hereinbrach. Plötzlich schien die Schweiz zur Hehlernation und zum Kollaborateursstaat geworden zu sein, dessen «Neutralität» im Schatten des Dritten Reiches nichts als Tarnung für bösartige Geschäftemacherei gewesen sein soll. Nicht sehr viele Beobachter sahen ein, dass dieser heftige Klimasturz in der Aussenwahrnehmung der Schweiz durchaus eine Konsequenz der geschichtlichen Wende von «89» war: «Die Nische, in der sich die Schweiz als ‹neutraler Kleinstaat› während vieler Jahrzehnte behaglich eingerichtet hatte», [30] war ziemlich abrupt abhanden gekommen. In der Folge mehrten sich die Zeichen, die die Dringlichkeit einer bewussten Neuorientierung des Landes signalisierten. Die Notwendigkeit eines Suchprozesses

Die Krise der Nationalstaatlichkeit. «La Suisse n'existe plus»

wurde unabweisbar, eine Bemühung, darauf gerichtet, ein Modell der Schweiz zu entwickeln, das den Anforderungen der «zweiten Moderne»,[31] das heisst den Effekten der globalisierten Zivilisation, besser entsprechen würde als jenes nun antiquierte, das uns in der Periode des Kalten Krieges so gute Dienste geleistet hatte.

[14]
Das schreckliche Jahrzehnt oder Der postindustrielle Bruch

Seit dem Anfang der neunziger Jahre waren aber nicht nur die politischen Umwelten der Schweiz andere geworden, ebenso verschoben hatten sich die ökonomischen Bedingungen. Die internationale Konkurrenz der Wirtschaftsstandorte setzte die Schweiz einem Wettbewerb aus, der viele ihrer lange selbstverständlich geltenden Vorteile verrinnen liess.

Das ungeheure Desindustrialisierungsprogramm, der stetige Abbau der Arbeitsplätze im Bereich der fabrikmässigen Produktion, der die hiesige Volkswirtschaft seit den siebziger Jahren prägte, beschleunigte sich nun in dramatischer Weise und gelangte um die Jahrhundertwende auf seinen Höhepunkt. Innerhalb von zehn, zwölf Jahren nach dem Mauersturz gingen traditionsreichste Industrieunternehmen und berühmte Firmennamen unter; riesige Werkareale verschwanden von der Bildfläche.

Augenfällig wurde das in den alten Industriegegenden des Grossraumes Zürich. In Baden, wo 1966 für BBC und «Motor-Columbus» noch 15 000 Menschen gearbeitet hatten, schrumpfte die Belegschaft der Nachfolgefirma ABB auf 1500 Leute. Die früheren Kerngeschäfte Lokomotiv- und Kraftwerkbau gibt es entweder, mitsamt ihren mächtigen Fertigungshallen, gar nicht mehr oder sie sind, wie die Kraftwerkherstellung nach dem Verkauf an die französische «Alstom», auf vielleicht einen Viertel der ursprünglichen Grösse reduziert worden.

Noch eindrücklicher geschah die Veränderung in den Stadtquartieren Zürich-West und Zürich-Nord, wo weltweit bekannte Unternehmen wie Escher Wyss, Maschinenfabrik Oerlikon, Maag, Oerlikon-Bührle mehr oder weniger rasch und radikal liquidiert werden mussten. Alles vollzog sich in ein paar wenigen Jahren. Mit – über den Daumen gepeilt – dem Verlust von wohl über 20 000 Arbeitsplätzen. Zürich-West wurde darob allerdings zum Trend- und Lifestylequartier der neuen Metropolitanregion, was sich von Zürich-Nord so noch nicht

Das schreckliche Jahrzehnt oder Der postindustrielle Bruch

behaupten liesse. Immerhin ist es auch dort gelungen, aus verödeten Industriebrachen einigermassen funktionierende Geschäfts- und Wohngebiete entstehen zu lassen.

Die Streichliste angesehenster Firmen ist damit längst nicht fertig. In Winterthur blieb von der mächtigen «Loki», der schweizerischen Lokomotiv- und Maschinenfabrik SLM Winterthur, gerade eben die Reparaturwerkstätte Winpro mit 200 Angestellten übrig. Sulzer legte Werk um Werk still. Von den einst gegen 15 000 Beschäftigten arbeiten in Winterthur vielleicht noch 800 unter dem berühmten Namen.

Das seit der Frühindustrialisierung von der Textilproduktion dominierte Zürcher Oberland verlor Fabrik um Fabrik; und im Februar 2004 endlich gab die Spinnerei Streiff AG STA die Schliessung auch ihres letzten Produktionsortes im Aathal bei Wetzikon bekannt. Von über 300 grösseren Spinnereien sind in der Schweiz nach dem Ende der Werke der Streiff AG noch sechs übrig geblieben; seit 1967 hat die einheimische Textilindustrie 100 000 Arbeitsplätze abgebaut. [32]

Auch das Glatttal, die Region um Greifen- und Pfäffikersee, büsste sehr viele Werkplätze ein. Zellweger Uster beispielsweise, ein im letzten Jahrzehnt des 20. Jahrhunderts hoch angesehenes und erfolgreiches Unternehmen, beendete 2006 definitiv all seine industriellen Aktivitäten und ist seither eine Immobilien-AG. Ein krasses Exempel für die helvetische Industriedemontage in der Folge von «1989» liefert der Fall der Maschinenfabrik Rüti AG im Talkessel der Jona; «Rüti» war während mehr als hundert Jahren eine Herstellerin von Textilmaschinen der Weltklasse. Seit 1982 ein Teil des Sulzerkonzerns folgte aber ab 1996 ein beinahe ungebremster Absturz. Aufgrund falscher Marktstrategie akut von Insolvenz bedroht, verkaufte Sulzer 2001 die «Sparte Textil» an eine italienische Firmengruppe; von den 2700 Arbeitsplätzen, die die flache Landschaft um Jona und Rüti, nördlich von Rapperswil gelegen, zu einem bedeutenden Industrieort gemacht hatten, sind hundert geblieben. Mit der grossen Fabrik gingen zugleich die meisten Zulieferbetriebe kaputt; «auch die Seidenweberei ist nun geschlossen, teils abgebrochen, teils umgenutzt zu *Lofts*», [33] und so weiter, und so weiter.

Das schreckliche Jahrzehnt oder Der postindustrielle Bruch

Die Grossregion um Zürich bietet lediglich das hervorstechende Beispiel für einen allgemeinen Vorgang, der die Schweiz im Krisenjahrzehnt vor der Jahrtausendwende mit brutaler Geschwindigkeit und Kraft ergriff und verwandelte. Wer darauf achtet, findet noch heute den Bahnlinien Zürich-Bern entlang viele Werksruinen, die die Gewalt dieser Bewegung dokumentieren (wegen ihrer schieren Ausdehnung besonders imposant: die Industriebrache der Gugelmann'schen Textilfabriken vor Langenthal). Ob im Mittelland, in Basel oder in Genf, in Schönenwerd oder in Pratteln, überall im Lande waren die neunziger Jahre von einem furchterregenden Zerfall industrieller Substanz begleitet. Und nach der Silvesternacht 1999, genauer: nach dem millenaren Börsencrash, dem sogenannten «Platzen der Internetblase» 2001/02, schienen unerwartet selbst einige ganz Grosse der schweizerischen Finanzwelt vor der Pleite zu stehen: die Zürich-Versicherung, die Winterthur, die in Crédit Suisse umgetaufte ehrwürdige Schweizerische Kreditanstalt, die Swiss Life – als Rentenanstalt die Pensionskasse des halben Landes –, sie alle rutschten nur knapp an der Katastrophe, dem Konkurs, vorbei.

Das von der Volksseele für undenkbar gehaltene Grounding der Swissair im Oktober 2001 bildete, so lässt sich jetzt, sieben Jahre später, unter dem wieder verdüsterten Himmel des grossen Finanzcrashs nach der Subprime-Krise 2007/08 konstatieren, den massenmedial effektvoll inszenierbaren und entsprechend zelebrierten emotionalen (vorläufigen?) Schlussakkord der ganzen Entwicklung. *Finis Helvetiae ...?*

Dass diese Erfahrungen das kollektive Bewusstsein des Landes beunruhigen, ist offensichtlich. Denn man kann Hans-Peter Bärtschi ohne Weiteres zustimmen, wenn er das Selbstgefühl des Landes mit dessen lange für unantastbar gehaltener industrieller Kraft verbindet: «In der industriellen Schweiz fand die Nation auch ihre Identität. Mit Spitzenleistungen der Ingenieurkunst hob man sich ab von anderen. Dieses Selbstbild war unter anderem tragender Pfeiler in der ideellen Selbstbehauptung gegen das nationalsozialistische Deutschland, viel bestauntes Symbol dafür war die ‹Landilok› Ae 8/14 von 1939, die damals stärkste Lokomotive der Welt. Die Schweiz hat sich noch in den 1960er Jahren mit dem Emblem der zielsicheren Waffe ihres Na-

Das schreckliche Jahrzehnt oder Der postindustrielle Bruch

tionalhelden, der Armbrust, als führende Industrienation vermarktet. Stolz pries man Unternehmer, Pioniere, Arbeiter, die diese Industrien aufbauten, auf Briefmarken und Tausendernoten. Selbst weltweit tätige Unternehmen betonten das Attribut ‹schweizerisch›. Den Schülern lehrte man Ehrfurcht vor den Meisterwerken der Technik, vor Maschinen, Fabriken, Staumauern.» [34] Dies alles hat sich fast vollständig verflüchtigt.

Erklärungen für die beschriebene Entwicklung gibt es viele. Sie reichen von der ganz und gar abstrakten Erkenntnis, das sei eben der normale Zivilisationsprozess an der Spitze gegenwartsmoderner Gesellschaften: der Wechsel vom Industrie- ins Dienstleistungszeitalter, bis zur weniger wohlwollenden Deutung, die den Finger auf die wunden Punkte subjektiver Mängel und Versäumnisse legt. Der zitierte Hans-Peter Bärtschi ist hier nicht zimperlich: «Im Vordergrund stehen überstürzte Produkteentwicklungen mit entsprechenden Fehlinvestitionen, Fehlbeurteilungen von Märkten, falsche Antizipation künftiger Entwicklungen, missglücktes *Outsourcing*, unüberlegtes Verscherbeln von Kompetenzzentren des Wissens und Könnens, Führungswechsel von beängstigender Kadenz, ratlose Umstrukturierungen ohne Ende, ‹Konzentrationen› bis zur Selbstauflösung, Demontage von Grossbetrieben, um mit Teilverkäufen (häufig des ‹Familiensilbers›) die Erfolgsrechnung wieder ins Lot zu bringen, Fusionen ins Abseits und Übernahmen wie im Monopoly-Spiel bis zum grössenwahnsinnigen Realitätsverlust von Managern, deren hohle Phrasen Journalisten wie Aktionäre kritiklos schluckten; aber auch masslose Löhne und Boni auf den Führungsetagen und – *last but not least* – Spekulationen von gerissenen Asset-Strippern, die mit dem Applaus der Medien zu eigentlichen Totengräbern der Industrie wurden (was man im Rausch der Wohlstandsverwahrlosung allerdings erst im Nachhinein realisierte).» [35]

Natürlich wäre es ungerecht, das schwarze Kapitel der schweizerischen Desindustrialisierung am Ende des 20. Jahrhunderts voll aufs Konto Manager- und Führungsversagen zu schreiben. Doch Bärtschi hat recht, wenn er diesen Aspekt nicht hinter den Notwendigkeiten des generellen Strukturwandels, der sich nach «89» ja aus diversen Gründen massiv beschleunigte, verschwinden lässt. Schliesslich gab und

Das schreckliche Jahrzehnt oder Der postindustrielle Bruch

gibt es immer noch eindrückliche Erfolgsgeschichten auf dem Feld der industriellen Schweiz: Swatch, Lindt-Sprüngli, Givaudan, Swiss Steel, Forbo sind nur einige der Namen, die einem nach kurzem Nachdenken einfallen und beweisen, dass der Werkplatz Schweiz lebensfähig ist, sofern die zuständigen Chefs das Fällige tun; und nicht nur diese: Ein wesentlicher Teil der Schuld am Desaster der helvetischen Grossindustrie trifft nämlich die damalige Leitung der Nationalbank, die mit ihrer übertriebenen Hochzinspolitik zulasten der Exportproduktion den Franken allzu heftig verteuert hatte.

Im Rückblick auf das «schreckliche Jahrzehnt» sind zwei Dinge bemerkenswert. Zum einen die Tatsache, dass das Land diese Zeit so still und friedlich hinter sich gebracht hat. Noch einmal Bärtschi: «Angesichts des dramatischen Umbaus erstaunt es, wie stabil sich die Wirtschaft gesamthaft gehalten hat. Gleichzeitig (zum Verlust der alten) sind neue Arbeitsplätze in nahezu vergleichbarer Grössenordnung entstanden; die Arbeitslosenstatistik spiegelt es deutlich. Und sogar im industriellen Sektor ist die Bruttowertschöpfung gestiegen, obwohl sein Anteil an der gesamten Bruttowertschöpfung der Schweiz seit 1990 von gut zwanzig Prozent auf neunzehn Prozent zurückgegangen ist. Anders gesagt: Die Industrie hat ihren Anteil an der Wertschöpfung trotz des gewaltigen Aderlasses seit 1990 praktisch gehalten.» [36]

Eben darum, so deutlich darf man es sagen, gehört die Schweiz ganz gewiss zu den Gewinnern der Epoche. Und das gilt nicht trotz, sondern *wegen* der gestiegenen Staatsquote, die zeigt, dass das politische System in der Lage gewesen ist, mithilfe seiner Sozialstaatsinstitutionen die Lasten derjenigen Menschen erträglich zu halten, die bei uns zu den Verlierern der Geschichte gehörten – und deren Zahl auch in der Schweiz nie klein war und ist.

Das ist der zweite Aspekt, der sich mit der Vergegenwärtigung der neunziger Jahre zeigt: Die alte Ressource der Eidgenossenschaft – der in ihrer politischen Kultur enthaltene Gemeinsinn und *common sense* – bewährte sich erneut und nachhaltig im gefahrvollen Übergang von der industriell-nationalstaatlichen Ära zur postnationalen, hoch individualisierten Wissensgesellschaft der Jetzt-Zeit. Eine Einsicht und eine Lehre, die man nicht vergessen darf; was jedoch nicht verlangt, diejenigen Probleme zu verschweigen, die dem Gemeinsinn im Allgemeinen und dem schweizerischen im Besonderen unter den veränderten Bedingungen der Gegenwart erwachsen müssen.

[15]
Die fällige Aufgabe:
Renovation der Grundlagen

Die Schweiz, die exemplarische Willensnation, ist schon immer mehr als das Ergebnis von Geografie und geschichtlichen Zufällen gewesen. Die räumlichen Umstände und die historischen Gegebenheiten spielten zwar stets eine Rolle bei ihrer Entstehung und Selbstbehauptung. Doch mindestens ebenso wichtig waren dabei die Wirkungen ihrer besonderen politischen Kultur, also bewusstes Handeln im Rahmen einer bejahten Tradition und die Prozesse kommunikativer Willensbildung.

Daher war und ist die Schweiz immer – auch – eine Konstruktion und ein *work in progress*. Im Bewusstsein der Willensnation Schweiz galt freilich lange Zeit das Gegenteil als Regel. Der Basiskonsens, die fundamentalen Richtlinien der Politik, die Ankerplätze der öffentlichen Meinung, die Kriterien der kollektiven Urteilskraft, die Solidaritätsimpulse der Bürger und Bürgerinnen, die Elemente des *common sense*, dies alles erschien lange als ein für allemal gegeben, unverrückbar definiert und jeglicher Debatte entzogen. Allzu lange wurde das Prinzipielle für entschieden und für unbestreitbar gehalten; die paar Linken, für die alles nichts so klar war, waren eben nur die paar Linken ...

Ein beträchtlicher Teil der Malaise der helvetischen neunziger Jahre rührt daher, dass die angeblich so urdemokratische Schweiz die lebendigen Quellen ihrer Selbstbestimmung beinahe hatte austrocknen lassen. Sie öffnen sich nicht, wenn sie niemand sucht. Und ihr Ursprung findet sich zuerst im Rahmen der demokratischen Auseinandersetzung; in der von Hirschman beschriebenen Sphäre einer politischen und politisierten Öffentlichkeit, in der die Bereitschaft zu grundsätzlichem, aber nicht tödlichem Streit herrscht; wo niemand verachtet wird, der gute Gründe dafür zu haben glaubt, den jeweils regierenden Konsens infrage zu stellen.

Abstimmen sollte man ja in unserem Land immer wieder über alles Mögliche; aber über das Grundlegende zu reden und – ja, auch – dar-

Die fällige Aufgabe: Renovation der Grundlagen

über sich irgendwann einmal zu einigen, das hatte man in der Epoche des Kalten Krieges und der heiligen Konkordanz in der Zeit zwischen 1945 und 1990 verlernt.

Die Zeit des massiven Konkordanzgranits ist vorbei. Mit «1989» und seinen Folgen ist – unübersehbar selbst für Kurzsichtige – das Fundament der helvetischen Basisdoktrin der Nachkriegszeit in die Brüche gegangen. Die europäischen Grosskonstellationen der Politik, die der Schweiz bequem erlaubt hatten, beides zu sein: zugleich neutral und Mitglied des Westens, Nutzniesserin der Nato und trotzdem bündnisfrei, sie haben sich ebenso radikal verändert wie die Aufgaben, Handlungschancen und Abhängigkeiten in den globalen Räumen der Wirtschaft und der Politik.

«Neutralität», «Souveränität», «Unabhängigkeit» sind darum Begriffe und Leitkonzepte, die, wenn sie noch praktischen Sinn haben sollen, neu bestimmt und inhaltlich modifiziert werden müssen. Mit dem simplen Hinweis auf Neutralität ist weder die schweizerische Sicherheitspolitik im Allgemeinen noch das Verhältnis zu europäischen *Peacekeeping*-Aktivitäten hinreichend zu charakterisieren; und schon gar nicht lassen sich so die innenpolitischen Konflikte und die künftige Rolle der Armee und des Milizheeres befriedigend lösen.

Zu den politischen Umbrüchen kommen die gesellschaftlichen Verschiebungen, die mit besonderer Heftigkeit nach dem Mauersturz unter dem Generaltitel der «Globalisierung» zu wirken begonnen haben. Diese soziologischen, kulturellen und sozialpsychologischen Transformationen bilden die zweite Ursache für das Verschwinden des Basiskonsens, der hierzulande in der Zeit des über vierzigjährigen West/Ost-Gegensatzes dominiert hatte.

Die Liste der entsprechenden Faktoren ist schnell eröffnet: der kreditfreudige Konsumismus und fluide Hedonismus breiter Schichten, die Flexibilisierung der meisten Arbeitsverhältnisse, der spürbare Effekt einer Einwanderungsbevölkerung mit fremden Sitten und «albertianischen» Wertbindungen, die sehr sichtbare Zunahme ökonomischer Einkommensunterschiede, der schwindende Glaube an die Steuerungskraft politischer Entscheidungen bei gleichzeitiger Maximalbe-

Die fällige Aufgabe: Renovation der Grundlagen

anspruchung staatlicher Dienst- und Unterstützungsleistungen usw., diese sozialen Faktoren des beginnenden 21. Jahrhunderts und des neuen, in einen bisher unbekannten Aggregatszustand eingetretenen globalen Kapitalismus (wer hätte sich schon, vor «89», die Kombination von expansiver Marktwirtschaft und kommunistischer Regierungspartei vorstellen können, die die Volksrepublik China erfunden hat!) sorgten und sorgen für Fragmentierungen und Spaltungen der traditionellen schweizerischen Staatsbürgergesellschaft, die mit geradezu zwingender Konsequenz die früheren Anschauungen und Übereinkünfte über das Land, sein Wesen und sein Selbstverständnis infrage stellen mussten.

Dazu ein Zitat aus einem aktuellen Buch des Diplomaten und Historikers Paul Widmer, dessen Analyse ich in vielen Punkten teile, allerdings ohne seinen praktischen Empfehlungen und Gestaltungsvorschlägen überall folgen zu wollen:

«Vieles hat mit der Verstädterung der Schweiz, mit der Anonymisierung der Beziehungen zu tun. Der Gegensatz zwischen Stadt und Land vertieft sich. Er beeinflusst heute das politische Verhalten mehr als die Unterschiede zwischen Deutsch und Welsch, Arm und Reich, oder Katholiken und Protestanten. In vielen Abstimmungen, besonders im Bereich der sozialen Fürsorge, kommt dieser Gegensatz zum Vorschein, beispielsweise bei der Mutterschaftsversicherung. Im Jahr 2004 nahmen die Schweizer Stimmbürger eine Vorlage im zweiten Anlauf an, wobei die städtischen Zentren der Deutsch- und der Westschweiz die mehrheitlich ablehnenden ländlichen Gebiete überstimmten. (…) In der städtischen Bevölkerung steigt das Bedürfnis, sich sozialer Pflichten zu entledigen und diese dem Staat anzuvertrauen, auf dem Land möchte man den Staat von diesen Bereichen immer noch möglichst fernhalten. Gewiss bahnt sich auch dort ein Wandel an, aber wesentlich langsamer. Ausserdem übt eine städtische Kultur mit ausgesprochen hedonistischen Zügen eine neue Attraktivität aus. Sie wirkt als Magnet wie schon lange nicht mehr. Zwei Welten, so scheint es, driften auseinander. Vor kurzem noch schämten sich nicht wenige, vom Staat Sozialhilfe entgegenzunehmen. Heute schöpft nicht nur jeder seine Rechte voll aus, einige versuchen sogar, mehr zu beziehen, als ihnen zusteht.» [37]

Paul Widmer knüpft an diese Befunde eine Erwägung, deren pessimistischer Unterton unüberhörbar ist:

Die fällige Aufgabe: Renovation der Grundlagen

«Die grösste Gefahr für die Schweiz droht vom Schwund eines gemeinsamen Erfahrungsraumes. Unser Land ist in seiner Heterogenität auf einen solchen Raum angewiesen. Denn gemeinsame Erfahrungen erzeugen, ungeachtet aller gesellschaftlichen und sprachlichen Barrieren, Verständnis füreinander. Wo die Bürger nicht mehr über einen Grundstock an gemeinsamen Erfahrungen verfügen, werden sie sich nur schwer über die Gestaltung der Zukunft einigen können. Je nach Herkunft und Milieu werden sie verschiedene und teils sich ausschliessende Erwartungen hegen. Die Gefahr aneinander vorbei zu reden und sich auseinander zu leben, ist gross.» [38]

Widmers Warnung beruht auf soziologischen Fakten. Die «Ressource Gemeinsinn», auf die sich die Schweiz doch immer wieder verlassen durfte, scheint dünner zu fliessen als auch schon; nicht übertrieben ist die unerfreuliche Frage, ob ihre Reservoire schon bald erschöpft oder ob sie lediglich verstopft sind, und dringlich ist jedenfalls die andere Frage: wie man herausfindet, welche Diagnose nun stimmt, und – das vor allem – wie der spürbare Niedergang republikanischer Tugenden zu kompensieren wäre.

Widmer scheint sich einiges von der Revitalisierung des alten «Sonderfall»-Bewusstseins zu versprechen. Was das heisst, formuliert er in vier Postulaten. Sein erstes Postulat lautet: Verteidigung der föderalistischen Strukturen und des damit verknüpften Steuerwettbewerbs: «Insgesamt ist gegen einen fairen Wettbewerb, der nicht gegen fundamentale moralische Prinzipien – wie etwa eine Steuerdegression für Höchstverdienende – verstösst, nichts einzuwenden. Er entspringt der Logik des Föderalismus, der den Gemeinden und Kantonen grosse Autonomie gewährt.» [39] Zweitens setzt Widmer auf die direkte Demokratie und auf das helvetische Milizwesen: «Die direkte Demokratie beteiligt den Bürger stark am staatlichen Geschehen. Er hat das letzte Wort in den wichtigsten Sachfragen. Das schärft Bürgersinn und Eigenverantwortung – zwei Eigenschaften, ohne die das Schweizer Milizwesen nicht funktionieren könnte. Die stark ausgebaute zivile und militärische Miliz ermöglicht es der Schweiz, den staatlichen Anteil am Wirtschaftsgeschehen zu reduzieren. Das wiederum schlägt sich in einer tiefen Staatsquote nieder. Eine tiefe Staatsquote ist meistens gleichbedeutend mit weniger Bürokratie. Und das sind Verhältnisse, die internationale Investoren schätzen.» [40]

Die fällige Aufgabe: Renovation der Grundlagen

Drittens will Widmer auf der Neutralität beharren: «Die grosse Bedeutung, die die Schweiz der Neutralität in ihrer Geschichte beimass, führte zu einer zurückhaltenden Aussenpolitik. Dadurch erwarb sie sich den Ruf, strikt und glaubwürdig zu sein. Zusammen mit anderen Faktoren bescherte diese Geradlinigkeit dem Land nicht nur eine einmalige Friedensperiode; die Schweiz selbst wurde weltweit zu einem Symbol des Friedens. Davon zehrt sie noch heute.» [41] Das vierte Postulat in Widmers Programm für den «Sonderfall Schweiz» ist die Pflege der Vielsprachigkeit: «Zu ihrem eigenen Vorteil musste und muss die Schweiz den Anschluss an die drei grossen europäischen Kulturen, die deutsche, die französische und die italienische, suchen. Das fördert das Verständnis für andere Sprachen und Kulturen. Gleichzeitig stutzt es auch den eigenen Sprachdünkel. Die Schweizer sind in dieser Hinsicht vorbildlich. Spracharroganz trifft man hier selten an. Ein tolerantes Sprachklima hat sich ausgebreitet, das auch dem Englischen zugute kommt. Das sind Verhältnisse, die für internationale Konzerne bei ihrer Sitzwahl interessant sind.» [42]

Den vier Forderungen braucht man nicht zu widersprechen. Doch hier wie anderswo zeigen sich schnell die Schwierigkeiten, wenn die allgemeinen Prinzipien konkretisiert werden müssen. Mit Überlegungen wie: Wann beginnt der föderalistische Wirrwarr, die Kantönligeistblockade, das Rattenrennen um die Standortgunst der Reichen, wann entwickelt sich dadurch die Spaltung zwischen begünstigten und benachteiligten Regionen, wann beginnt all das aus der Gesamtperspektive betrachtet nun eben doch selbstdestruktiv, unfair und ineffizient zu werden? Und umgekehrt gilt auch: Wie viel Service-public-Kosten zu tragen, ist für den Bund und die ökonomisch erfolgreichen Zentren zumutbar und langfristig gut für das Gesamtwohl?

Weiter: Was tun, wenn jedermann das Milizwesen zwar eine wunderbare Sache findet, aber niemand mehr Lust hat, sich in ihr und für sie zu engagieren? Dann: Welcher «autonome Nachvollzug» im Umgang mit den Vorgaben der EU-Gesetzgebung bleibt, trotz allem, ein Stück eidgenössischer Eigenständigkeit? Und welcher ist bloss Selbsttäuschung um den Preis passiver Einflusslosigkeit? Oder: Inwiefern sind Brüssel und Strassburg «fremde Vögte» und «fremde Richter», und inwiefern ist auch die Schweiz sehr grundsätzlich abhängig vom Erfolg

Die fällige Aufgabe: Renovation der Grundlagen

der europäischen Institutionen? Also im höchst eigenen Interesse darauf angewiesen, dass Europa erstens gedeiht und zweitens es uns nicht als rabiat egoistische Trittbrettfahrer begreift.

Weiter: Wie verbindet man Neutralitätswahrung mit einer Aussenpolitik der aktiven Menschenrechtsförderung und der Einsicht in die Wichtigkeit internationaler Zusammenarbeit, zum Beispiel dort, wo es um die *responsibility to protect* geht?

Schliesslich: Warum sind wir so stolz auf unsere Viersprachigkeit und gleichwohl unfähig, den kulturellen Austausch über den «Röstigraben» mehr sein zu lassen als einen schmalspurigen Grenzverkehr (was weiss man schon in der Romandie über Peter von Matt, und wer hat in Zürich jemals Albert Cohen gelesen)?

Die Antworten auf solche Fragen zwingen zu praktischen Stellungnahmen und damit zu politisch folgenreichen Entscheidungen. Und das ist genau der Punkt, um den es geht: Angesichts des verlorenen Basiskonsens über die Grundelemente der schweizerischen Nationalstaatlichkeit, angesichts des Fehlens einer stillschweigenden Übereinkunft, wie derjenigen, die bis «89» das Land aufgrund ihres objektiven Erfolges dominieren konnte, ist der Kampf um solche Entscheidungen zugleich ein weitreichender (Kultur-)Kampf um die Neubestimmung der Schweiz im begonnenen 21. Jahrhundert geworden.

[16]
Kulturkampf um die Neubestimmung des Landes

Kulturkampf um die Neubestimmung des Landes …, das klingt dramatisch und pathetisch und für jemanden, der versucht, so unaufgeregt wie möglich zu bleiben, ziemlich schrill. Trotzdem beharre ich auf der Diagnose, und zwar aus zwei Gründen. Erstens, weil die Schweiz, wie gesagt, seit bald zwanzig Jahren nicht mehr genau wissen kann, was sie eigentlich ausmacht. Und zweitens, weil seit eben diesem Zeitpunkt jene mächtige Bewegung entstanden und gewachsen ist, die trotz allem sehr präzise zu wissen glaubt, was die Schweiz ist und wie man sie zu definieren hat. Nämlich genau so, wie sie im Streit um die Geschichte der dreissiger und vierziger Jahre des letzten Jahrhunderts den Schweizkritikern erschienen ist: neutral als flinker Kleinstaat unter den Grossen. So weit entfernt von transnationalen Verpflichtungen wie irgend möglich. Immer noch getragen von den Werten der «geistigen Landesverteidigung». Wirtschaftlich erfolgreich und misstrauisch gegenüber moralistischen Skrupeln (schliesslich sind «die anderen» ebenfalls Egoisten). Widerspenstig gegenüber allen mentalitätsprägenden und sozialethischen Entwicklungen, die sich irgendwie auf «68» beziehen lassen – heissen sie Tagesschulen für alleinerziehende Mütter, Fairnessregeln für kommunale Einbürgerungen oder wohlfahrtsstaatlich garantierte Lebensstandards, die sich nicht an untersten Subsistenzminima bemessen und aufgrund völkerrechtlicher Verträge besonders heftig von den eingewanderten Fremden beansprucht und missbraucht werden …

Das Überzeugungssystem dieser – man wird sie seit der EWR-Abstimmung von 1992 wohl so nennen dürfen – «Blocher-Schweiz» ist in sich recht geschlossen, und es besitzt den doppelten Vorteil, einerseits die alten Identitätsmerkmale der Schweiz zwischen «45» und «89» zu verteidigen, anderseits die neuen Ängste gebündelt aufzufangen, abzuwehren und umzuleiten, die mit der «Globalisierung» auch über die Schweizer und ihre fleissige Insel der Glückseligkeit gekommen sind.

Kulturkampf um die Neubestimmung des Landes

Was ich damit sagen will: Die Blocher-Schweiz ist aus ihren kollektivhistorischen Beständen und erklärbaren psychologischen Motiven zu deuten und zu verstehen, bevor man sie moralisch attackiert und gegen ihre schrecklichen Vereinfachungen protestiert. Denn nur auf diese Weise ist zu verhindern, dass man ausgerechnet dort gegen sie kämpft, wo sie gute Trümpfe besitzt.

Zum Beispiel «Missbrauch» von Sozial- und Asylrechten: Es gibt ihn, er hat zu tun mit migrationssoziologischen Verschiebungen, und er muss vernünftigerweise so weit wie möglich eingeschränkt werden. Auf leicht analysierbare Art gefährdet er die Substanz von Solidargemeinschaften. Zum Beispiel «Eigenverantwortung»: Sie ist unerlässlich, und sie zu tragen manchmal schmerzhaft. Zum Beispiel «Patriotismus»: Heimatliebe ist nicht unbedingt gleich Chauvinismus, das habe ich ja immer wieder zu erklären versucht; man darf stolz sein auf die eigene Herkunftswelt, und sehr viele wollen es sein. Nicht deswegen, dass sie solche Dinge vertritt, sollte man die nationalkonservative Fraktion angreifen, sondern für das Verkennen von Tatsachen, das sie mit ihren Forderungen und Positionen verknüpft.

Für die Verkennung der Tatsache zum Beispiel, dass wir Schweizer (selbst wenn wir Nichtmitglied bleiben wollen) sehr froh über EU-Europa, den Euro und seine Erfolge sein sollten. Für die Verkennung der Tatsache, dass das Mindestmass an Chancengleichheit, auf das sich auch liberale Gesellschaften verpflichtet haben, ohne staatliche Eingriffe und Umverteilungsinstitutionen nicht zu haben ist. Für die Verkennung der Tatsache, dass es kein Zurück mehr gibt in die Zeit der einfachen Wahrheiten, klaren Werte und simplen Unterscheidungen zwischen «Gut» und «Böse», «Wir» und «Ihr», «Vaterlandsverräter» und «Unsereiner». Und für die Verkennung der Tatsache, dass für die grundlegenden Orientierungsverluste nicht die «Rolling Stones», die «Weichsinnigen» oder die antiautoritären Gutmenschen aus dem alternativen Mittelstand verantwortlich sind, sondern in allererster Linie unsere Marktgesellschaft und ihre hedonistischen Ideale, ohne die sie – und wir – nicht funktionieren.

Kurz: Die Blocher-Schweiz verspricht einen Ort, den es nicht gibt, und sie tarnt ihre falsche Utopie durch eine Politik der Aggressivität.

Kulturkampf um die Neubestimmung des Landes

Sie schürt Ressentiments, wo man stattdessen demokratisch streiten muss – um jene stets vorläufigen Lösungen, wenig begeisternden Kompromisse und pragmatischen Anpassungen an eine schwierige Wirklichkeit, die sehr oft nicht mehr als das Zweitschlechteste sind im Vergleich mit all dem, was wir uns eigentlich erhofften.

In nichts anderem besteht also der Kulturkonflikt um die Neubestimmung des Landes nach dem Ende der Nachkriegsschweiz im Jahre 1989: im Streit um den Abschied von der Illusion, «das Gesunde und Ein-für-allemal-Richtige und Einheimische und Weiss-Gott-Bewährte, kurzum das Schweizerische» [43] sei durch Abgrenzung, Reinigung und Abstossung zu sichern. Und im gleichzeitigen Streit um die Einsicht, dass eher das pure Gegenteil stimmt: Dass «das Schweizerische» stets in der Fähigkeit zum unreinen Kompromiss gelegen hat und liegt, im unheroischen Arrangement mit den Realitäten; in jener eigenartigen Milchsuppe bei Kappel, in der jeder rühren darf und dabei etwas für seinen Hunger finden kann. [44]

[17]
Die aktuelle Form der Willensnation: vom starren Konsens zum beweglichen Diskurs

Es ist zu hoffen (und mit Gründen anzunehmen), dass der Streit um die Neubestimmung der Schweiz in keinen Kampf mündet, der nicht mit zivilen Mitteln zu führen wäre. Dass die politischen Auseinandersetzungen in unserem Land allerdings sehr viel härter, das Klima zwischen den Parteien kälter und viele der für selbstverständlich gehaltenen Elemente der eidgenössischen Kultur gemeinsamer Lösungssuche zerbrochen sind, ist jedem spürbar, der die Entwicklung der letzten zwanzig Jahre beobachtet hat. Die Befunde der empirischen Politikwissenschaft liefern dafür die eindeutigen Belege: [45] aus der Konsensgemeinschaft, die ihre Kompromisse oft zu schnell gefunden hat, ist eine Diskurs-, um nicht zu sagen: Zankdemokratie geworden, die gelegentlich allzu gern bereit ist, dem rhetorischen Zweck zuliebe die notwendige, aber unspektakuläre Bemühung um das gemeinsam Machbare zu opfern.

Es ist unschwer zu erkennen, dass die Tendenz zur Übertreibung der Gegensätze auch das Resultat der «Mediendemokratie» ist, das heisst der Verlagerung der entscheidenden Auseinandersetzungen von den klassischen Arenen des Parlaments, der Meinungspresse, den Schauplätzen einer relativ kleinen aktiven Öffentlichkeit, in die Räume der Medienindustrie, die aufmerksamkeitsökonomisch konsequent an der skandalisierenden Simplifizierung und Hysterisierung der Themen interessiert ist. Den herkömmlichen Regularitäten der schweizerischen politischen Kultur widerspricht dieses System diametral; es bevorzugt die Propagandamächtigen der Entweder/Oder-Programme, die mit Polarisierungen operieren und verdrängt so die vermittelnde Problemlösungsdebatte.

Mit der neuen (Selbst-)Darstellungsform der politischen Wirklichkeit sind freilich auch Vorteile verbunden. Politik, die spannend genug erscheint, um die Leute emotional herauszufordern, ist nicht einfach

Die aktuelle Form der Willensnation: vom starren Konsens zum beweglichen Diskurs

schlechte Politik; und im Land der (halb-)direkten Demokratie ist die Beteiligung breiter Schichten an den Prozessen der staatlich-politischen Entscheidfindung ohnehin so wesentlich wie bejahenswert.

Gleichwohl ist der von den Mechanismen der massenmedialen Aufmerksamkeitsökonomie dominierte politische Diskurs mit Tendenzen verknüpft, die den Gemeinsinn und seine gemeinschaftsdienliche Produktivität im Kern treffen können. Zum Gemeinsinn gehört, wie oben erörtert, die Bereitschaft, die Perspektive des anderen mitzubedenken – die Sicht des politischen Gegners, mit dem man sich am Ende einigen muss. Was beispielsweise bedeutet, die Kategorie des Zumutbaren ebenso zu achten wie den Willen zum Grundlegend-Gemeinsamen; Einstellungen, die etwas anderes und etwas Schwierigeres voraussetzen als lediglich die Bereitschaft, das momentane Gleichgewicht konfligierender Kräfte festzustellen.

Aus gehöriger Distanz, von ziemlich weit weg betrachtet, ist also – unter dem Gesichtspunkt des gemeinsinnsensiblen Übergangs von der vergangenen schweizerischen Konsenskultur zur aktuellen Diskurs- und Streitdemokratie – zwischen zwei Strukturlogiken zu unterscheiden, die sich einerseits als die Zwänge der gegenwartsmodernen Massendemokratie, andererseits als die Notwendigkeiten einer klaren, aber diskursiv-einigenden Argumentation und Auseinandersetzung beschreiben lassen.

Damit die letztere möglich und fruchtbar sein und bleiben kann und durch die Wirkungen der ersteren nicht in Blockaden gedrängt wird, braucht es bei allen Beteiligten nach wie vor die überwölbende Idee und Praxis des vernünftigen und konsensfähigen *common sense* und Gemeinsinns: die überindividuelle Lebendigkeit der alten Stärken der schweizerischen Kultur des Politischen und der eidgenössischen Willensnation – wobei die so fundierte Diskurs- und Streitdemokratie zugleich und umgekehrt, ganz im Sinne der Hirschman-These, den Gemeinsinn und *esprit général* der Willensnation erhält und erneuert.

Ob diese besondere politische Kultur immer noch funktioniert oder nicht, das ist die wichtigste Wette über die Zukunft der Schweiz am Ende des ersten Jahrzehnts in unserem Jahrhundert. Doch warum soll-

Die aktuelle Form der Willensnation: vom starren Konsens zum beweglichen Diskurs

te das fraglich sein? Weshalb sollte auf einmal nicht mehr tragen, was selbst unter den schwierigsten Bedingungen des 19. wie des 20. Jahrhunderts nicht zerbrochen ist? Entschieden wird diese Wette zuletzt in der Realität, nicht durch theoretische Analyse, doch zu schwarzem Pessimismus ist kein Anlass.

Jedenfalls sollte niemand sagen, unter gegenwartsdiagnostischen Aspekten würden die Institutionen der direkten Demokratie und der Willensnation als veraltet erscheinen. Ganz im Gegenteil; weil die Zivilisationsmoderne durchaus die Freiheitschancen der Individuen erhöht und damit den Anspruch des Einzelnen festigt, sein Leben und dessen Formen selbstständig zu gestalten, behaupten liberale Gesellschaften aus ihren eigenen Quellen heraus auch den Willen zu bürgerschaftlich-kollektiver Autonomie.[46] Was bedeutet, dass die stattfindenden Modernisierungsprozesse bürgerschaftlich-deliberative Demokratie keineswegs verhindern, sondern geradezu verlangen und fördern. Demokratie – kein Modell von gestern also, aber eine Aufgabe der Gegenwart im Dienst der Zukunft. Kurz: 718 Jahre sind noch lange nicht genug …

[18]
Anmerkungen

[1]
Claus Offe, «Wessen Wohl ist das Gemeinwohl?», in: Lutz Wingert und Klaus Günther (Hg.), Die Öffentlichkeit der Vernunft und die Vernunft der Öffentlichkeit, Frankfurt a. M. 2001, S. 474.

[2]
Offe (Anm. 1), S. 475.

[3]
Offe (Anm. 1), S. 476.

[4]
Offe (Anm. 1), S. 476.

[5]
Mary Kaldor, 2000, Neue und alte Kriege. Organisierte Gewalt im Zeitalter der Globalisierung, S. 16 f.

[6]
Die Weltwoche, Nr. 46, 16. Nov. 2006, S. 44.

[7]
Tages-Anzeiger, 2. Nov. 2006, S. 7.

[8]
Tages-Anzeiger (Anm. 7), S. 7.

[9]
Vgl. Richard Sennett, 1983, *Die Tyrannei der Intimität. Verfall und Ende des öffentlichen Lebens,* S. 120.

[10]
Christian Giordano, «Das entfremdete Gemeinwohl», in: Jean-Michel Bonvin, Georg Kohler, Beat Sitter-Liver (Hg.), Gemeinwohl – Bien commun. Ein kritisches Plädoyer – un plaidoyer critique, *Fribourg,* S. 327.

[11]
Giordano (Anm. 10), S. 328.

[12]
Giordano (Anm. 10), S. 333.

[13]
Vgl. den Titel des Aufsatzes von Giordano (Anm. 10).

[14]
Vgl. Leonardo Sciascia, L'onorevole. Recitazione della Controversia liparitana. I mafiosi, Torino 1976.

[15]
Otfried Höffe, «Vom Untertan zum Bürger», in: ders., Demokratie im Zeitalter der Globalisierung, München 1999, S. 192.

[16]
Höffe (Anm. 15), S. 198.

[17]
Otfried Höffe hat die im Kontext seiner grossen normativen Konzeption der «Demokratie im Zeitalter der Globalisierung» (Anm. 15) gemachten Bemerkungen zum Thema der Bürgertugenden in einem eigenen Buch ausgearbeitet und ausführlich erläutert: Otfried Höffe, Wirtschaftsbürger, Staatsbürger, Weltbürger. Politische Ethik im Zeitalter der Globalisierung, *München 2004. Für das Thema «Gemeinsinn» besonders aufschlussreich sind die Kapitel II und III.*

Anmerkungen

18
Höffe (Anm. 15), S. 209.

19
Dieter Langewiesche, «Die Nation schafft Freiheit» (Spiegel-Gespräch), in: Der Spiegel, Nr. 4, 22.1.07, S. 64.

20
Bekanntlich Heideggers Kategorie zur Kennzeichnung von Konformismus und intellektueller Unselbstständigkeit.

21
Albert O. Hirschman, Referat (S. 18–29), in: Wieviel Gemeinsinn braucht die liberale Gesellschaft? 100. Bergedorfer Gesprächskreis am 13./14. November 1993 in Dresden, Protokoll Nr. 100, Hamburg, S. 25.

22
Vgl. Hirschman (Anm. 21, S. 18 f.): «Seit jeher waren die durch Konflikte und Krisen verursachten Gefährdungen und Schäden so offensichtlich, dass das hauptsächliche Bemühen sozialen Denkens der Suche nach Ordnung, Frieden, Harmonie und Gleichgewicht galt, d. h. der Suche nach der Abwesenheit des gefürchteten und verabscheuten Konflikts. Daher erscheint die Idee, dass Konflikt eine konstruktive Rolle in sozialen Beziehungen spielen kann, denjenigen, die darauf kommen, immer wieder als nonkonformistische, paradoxe und völlig originelle Einsicht. Infolgedessen machen sie sich normalerweise nicht die Mühe, nach Vorläufern zu suchen, und der Gedanke wird mit erstaunlicher Regelmässigkeit immer wieder ‹neu› erfunden. (...) Der früheste und berühmteste unter ihnen ist Georg Simmel, dessen im Jahr 1908 veröffentlichte ‹Soziologie› ein langes Kapitel zum ‹Streit› enthält. Simmels Beitrag wurde rasch vergessen, und zwar durch die destruktive Auswirkung der Konflikte, die die Welt von 1914 bis 1945 durchmachte. Doch Simmels Ideen über den Konflikt wurden von einer englischen Übersetzung wiedererweckt, die 1955 in den Vereinigten Staaten veröffentlicht wurde. 1956 erschien Lewis Cosers Buch ‹The Functions of Social Conflict›, das als erweiterter Kommentar zu zentralen Abschnitten des Simmel-Buches gelten kann. In seinem Buch ‹Soziale Klassen und Klassenkonflikte in der industriellen Gesellschaft› (1957) schloss sich Ralf Dahrendorf weitgehend Cosers Darlegungen über die positiven Funktionen des Konflikts an. Meine eigenen Bücher aus jener Zeit, ‚The Strategy of Economic Development' (1958) und ‚Journeys Toward Progress' (1963) betonten die positive Rolle von Ungleichgewicht in der wirtschaftlichen Entwicklung von Krisen beim Erreichen sozialer und ökonomischer Reform in Lateinamerika. Um diese Zeit veröffentlichte auch Michel Crozier sein einflussreiches Werk ‹Le phénomène burocratique› (1963), das ebenfalls der Krise eine Schlüsselrolle bei der Beförderung progressiver Veränderung in Organisationen zuwies.»

23
Diese Unterscheidungen sind wichtig für die Klassifikation von gesellschaftlichen Auseinandersetzungen; vgl. dazu die folgenden Feststellungen Hirschmans (Anm. 21, S. 27 ff.): «Die Unterscheidung zwischen Mehr- oder-Weniger- und Entweder-Oder-Arten von Konflikt verstärkt (die Einsicht, dass Konflikte immer nur auf Zeit beizulegen sind. Zusatz G. K.). Betrachten wir zuerst den Entweder-Oder-Typus von Konflikt. Selbstverständlich sind Mittel und Wege gefunden worden, sie zu überwinden, entweder durch die unumwundene Eliminierung einer der streitenden Parteien oder durch ein

Anmerkungen

‹Toleranzabkommen›, das gebietet, ‹leben und leben lassen›. Dies sind sehr unterschiedliche ‹Lösungen›, aber in beiden Fällen entsteht der Eindruck, dass das Problem ein für allemal gelöst worden ist. Meistens erweist sich dies natürlich als Illusion, doch die Vorstellung der Existenz oder der möglichen Rückkehr zu einer ‹gerechten›, ‹guten› oder ‹wohlgeordneten› Gesellschaft, aus der Konflikt verbannt ist, bleibt intakt. Der Unterschied zu dem typischen Mehr-Oder-Weniger-Konflikt der marktwirtschaftlichen Gesellschaft ist beträchtlich: Was für ein Kompromiss auch immer zwischen diversen Klassen, Sektoren und Regionen in der Verteilung des Sozialprodukts erzielt wird, es ist hier allen Beteiligten klar, dass Übereinkünfte vorübergehend sind, dass sie an jene Umstände gebunden sind, unter denen sie geschlossen wurden, und dass sie bei nächster Gelegenheit wieder gekündigt werden können.

Zusammenfassend kann man sagen, dass die Konflikte, die für eine pluralistisch-marktwirtschaftliche Gesellschaft typisch sind, folgende Merkmale aufweisen:
- Sie kommen sehr häufig vor und nehmen eine Vielzahl von Formen an.
- Sie gehören im allgemeinen zu dem teilbaren Typus und eignen sich daher zu Kompromissen und zur Kunst des Verhandelns.
- Als Folge dieser beiden Charakteristika geben die erreichten Kompromisse niemals zu der Idee oder Illusion Anlass, dass sie endgültige Lösungen darstellen, auf die entweder eine oder beide Seiten feierlich und unwiderruflich verpflichtet sind.

Eine Gesellschaft, die über einen längeren Zeitraum hin beträchtliche Übung erworben hat, mit Konflikten dieses Typus umzugehen, wird aller Wahrscheinlichkeit nach tatsächlich die Erfahrung machen, die Gauchet/Dubiel beschreiben (nämlich die des erneuerten Zusammenhaltens. Zusatz G. K). Die einzige Unterstützung, die eine solche Gesellschaft braucht, ist diejenige, die sich aus der gesammelten Erfahrung ergibt, sich durch ihre zahlreichen teilbaren Konflikte durchgewurstelt zu haben: Diese Konflikte sind oder werden ihre Stützen. (...) Doch just nachdem diese Erfahrungen gemacht worden sind, scheinen ganz andere Arten von Konflikten – von der Entweder-Oder-Variante – wieder aufzutauchen. Da wir nun auf ausgiebige Erfahrungen zurückblicken, wie man mit teilbaren Konfliktfragen umgeht, sind wir jetzt der umgekehrten optimistischen Illusion ausgesetzt von der, die im 19. Jahrhundert herrschte: Wenn wir uns Entweder-Oder-Konflikten gegenüber sehen, werden wir annehmen, dass sie zu dem Mehr-Oder-Weniger-Typus gehören, und wir können nicht recht glauben, dass die Teilnehmer wegen der betroffenen Fragen bedingungslos engagiert sind. Als Konsequenz dessen könnten wieder schwerwiegende Fehler begangen werden. (...) Doch dürfte die lange Übung im Verhandeln und in der Suche nach Kompromisslösungen, die für die jüngere Erfahrung mit Konfliktregelung im Westen charakteristisch ist, nicht nur negative Folgen für unsere Fähigkeit haben, die neuen Konflikte zu ‹hegen›. Wie überwältigend und unversöhnlich sie auf den ersten Blick auch aussehen mögen, so könnten sie doch einige verhandlungsfähige Aspekte haben. Diese wird man leichter hervorlocken können, wenn sie mit einem Sinn angegangen werden, der in der Kunst des Verhandelns und des Experimentierens geübt ist.»

[24]

Der Begriff der «deliberativen Demokratie» ist von Jürgen Habermas geprägt worden, s. dazu: Jürgen Habermas, «Drei normative Modelle der Demokratie», in: ders., Die

Anmerkungen

Einbeziehung des Anderen. Studien zur politischen Theorie, *Frankfurt a. M. 1996, S. 277–292, sowie: ders.*, Faktizität und Geltung, *Frankfurt a.M. 1992, S. 349–398.
` Vgl. dazu auch Joshua Cohen und Joel Rogers, «A Proposal for Reconstructing Democratic Institutions», in: dieselben (eds.),* The Real Utopias Project – Associations and Democracy, *London und New York 1995. Part. I pp. 7–101.*
Der Begriff wird von Habermas hoch abstrakt eingeführt. Der Sache nach meint er jene Form des demokratischen Prozesses, die zwar Interessen gegeneinander stellt, um von daher zu strategisch errungenen Kompromissen zu finden, die anderseits aber auch in einem starken Fundament bürgerschaftlicher Überzeugungen und Entscheidungsregeln gründet, im Solidarerfahrungen vermittelnden Fundus gemeinsamer citoyenneté *und moralisch-kosmopolitischer Gerechtigkeitsprinzipien der Bürger. Bei der «deliberativen Demokratie» geht es darum stets um mehr als nur um den marktförmig-nichtkriegerischen Ausgleich konkurrierender Interessen; in ihrer Perspektive ist Politik keine blosse Konkurrenz auf dem Markt der Wählerstimmen.*

25

Der Zusammenhang zwischen der deliberativen Demokratie und der kollektiven Identität eines Nationalbewusstseins wird fassbar, wenn man den Begriff ins Spiel bringt, der die besondere politische Identität der Schweiz charakterisiert, nämlich Ernest Renans im 19. Jahrhundert geprägte, auf die bundesstaatliche 48er-Schweiz bezogene und mittlerweile klassisch gewordene Formulierung von der «Willensnation» Schweiz; in vollem Wortlaut zitiert heisst es bei Renan: «La Suisse, si bien faite, puisqu'elle a été faite par l'assentiment de ses différentes parties, compte trois ou quatre langues. Il y a dans l'homme quelque chose de supérieur à la langue: c'est la volonté. La volonté de la Suisse d'être unie, malgré la variété des ces idiomes, est un fait bien plus important qu'une similitude souvent obtenue par des vexations.» (Ernest Renan, Discours et Conférences, *Paris 1887, S. 298 f.) Nicht irgendeiner quasinaturalen ethnischen oder sprachlich-kulturellen Homogenität verdanke die Schweiz ihre «national»-staatliche politische Form, meint Renan, sondern dem ausdrücklichen, freien und bewussten, also rational bestimmten Wollen ihrer Bürger. Natürlich konnte diese Behauptung schon zu Renans Zeiten als Übertreibung kritisiert werden; allzustark verdrängt sie die historisch-strukturellen Kräfte und unpersönlichen Traditionsmächte, die auch im Fall der Schweiz die explizite Bundesstaatsgründung getragen und mitverursacht haben. Dennoch trifft sie den entscheidenden Punkt, und zwar sowohl in ereignisgeschichtlich-erklärender wie in theoretisch-systematischer Hinsicht.*
Die Schweiz von 1848 war das Produkt einer intentionalen Konstruktion; zunächst von Eliten und dann der gesamten Bevölkerung. Die Schweiz konnte als solche Konstruktion erfolgreich nur werden und bleiben, weil diese Konstruktion der Einsicht in die Logik der Sache folgte – nämlich dem Lösungsprimat des politischen Problems: der Bändigung «Behemoths» und der Verpflichtung auf einen fairen Gesellschaftsvertrag; der Wille der «Willensnation» ist stets also als ein vernünftig-fairer Wille zu unterstellen.

26

Gesellschaftlich bedeutsame Probleme auf den Feldern der Ökonomie, der internationalen Friedenssicherung, der Ökologie, usw. sind in den Schranken partikularstaatlicher Handlungsmacht ja gar nicht mehr adäquat lösbar. Diese «postnationale Konstellation» verlangt auf kontinentaler wie auf globaler

Anmerkungen

Ebene ein neuartiges Kollektivbewusstsein, das jeden partikularstaatlichen Eigensinn schon aus pragmatischen Gründen als irrational erkennt. Der Blick auf solche Dringlichkeiten nötigt jedoch keineswegs umstandslos zu pessimistischen Schlüssen. In der Tat hat sich ja eine eindrucksvolle Reihe von suprastaatlichen Gebilden entwickelt, die einem Gemeinwohl entsprechen, das die Überlegungshorizonte partikularstaatlicher Absichts- und Entscheidbildung überschreitet. Und es wäre wiederum zu pessimistisch, wollte man behaupten, in der Entfaltung und Durchsetzung dieser handlungsmächtigen politischen Suprastrukturen seien die moralischen Kriterien, der Sinn für globale Gerechtigkeit und die Hilfepflichten gegenüber armen und unterdrückten Völkern ganz und gar irrelevant. Gewiss überwiegen, bei nüchterner Bilanz, die diesbezüglichen Defizite, aber die schon in den partikularstaatlichen Proceduralismus eingebauten kosmopolitischen Imperative sind immerhin wirksam genug, uns den Skandal sehr ungleicher Wohlstandschancen nicht einfach verdrängen zu lassen.

[27]

Meinrad Inglin, Lob der Heimat, *Horgen 1928. Der zitierte Abschnitt ist wieder abgedruckt in: Georg Kohler,* Scheitert die Schweiz?, *Zürich 1998, S. 119.*

[28]

Peter Sloterdijk, «Der gesprengte Behälter, Notiz über die Krise des Heimatbegriffs in der globalisierten Welt», in: Spiegel-Spezial. Das Reportagemagazin, *Nr. 6, 1999, S. 24–29.*

[29]

Vgl. Jakob Tanner, «Die Historikerkommission zwischen Forschungsauftrag und politischen Erwartungen», in: ders., Sigrid Weigel (Hg.), Gedächtnis, Geld und Gesetz. Vom Umgang mit der Vergangenheit des 2. Weltkrieges, *2002, S. 21.*

[30]

Tanner (Anm. 29), S. 20.

[31]

Zum Begriff der «zweiten» (postnational entgrenzten) Moderne vgl. Ulrich Beck, Was ist Globalisierung?, *Frankfurt a. M. 1979.*

[32]

Die meisten dieser und der folgenden Angaben zur Faktenlage verdanke ich: Hans-Peter Bärtschi, Kilometer Null, *Vontobel-Schriftenreihe 2004, Nr. 1660, Zürich.*

[33]

Bärtschi (Anm. 32), S. 75.

[34]

Bärtschi (Anm. 32), S. 108.

[35]

Bärtschi (Anm. 32), S. 110.

[36]

Bärtschi (Anm. 32), S. 110.

[37]

Paul Widmer, Die Schweiz als Sonderfall. Grundlagen, Geschichte, Gestaltung. *Zürich 2007, S. 176 f.*

[38]

Widmer (Anm. 37), S. 203.

[39]

Widmer (Anm. 37), S. 228.

[40]

Widmer (Anm. 37), S. 228.

Anmerkungen

41
Widmer (Anm. 37), S. 229.

42
Widmer (Anm. 37), S. 229.

43
Das ist ein Zitat Max Frischs aus einem Aufsatz zum Film von Alexander J. Seiler «Siamo Italiani», der zu Beginn der sechziger Jahre die Stellung der damals sogenannten «Saisonniers» thematisierte und zugleich das Problem der «Überfremdung» zur Sprache brachte, jenen Brennpunkt der Nachkriegszeit, in dem zum ersten Mal die Konfliktlinien aufbrachen, die noch heute die Schweiz teilen können. Im Kontext klingen Frischs Sätze noch eine Spur schärfer: «Ein kleines Herrenvolk sieht sich in Gefahr. Man hat Arbeitskräfte gerufen, und es kommen Menschen (...) Man wittert Landesgefahr (...) Hier das Gesunde und Ein-für-allemal-Richtige und Einheimische und Weiss-Gott-Bewährte, kurzum das Schweizerische, und da kommen nun mitten in unseren Wohlstand unversehens Fremdlinge in Scharen, immer kleinere und immer schwärzere ...»

44
Gewiss ist der politische Mythos von der «Kappeler Milchsuppe» vor allem anderen ein Mythos; die historische Wirklichkeit ist also durchaus eine andere als das, was die Idee vorzeichnet, die durch dieses Narrativ evoziert wird. Aber wichtiger als die Realität ist manchmal die Legende; und die Legende vom subtilen Zusammenspiel zwischen Abgrenzung und Anerkennung, die in der Geschichte vom Suppentopf auf der Grenze, aus dem alle gemeinsam, wenn auch je nur auf ihrer Seite, ihre Nahrung löffeln können, ist für das Selbstverständnis der Schweiz und der Schweizer von grundlegender Bedeutung.

45
Vgl. etwa Christian Bolliger, Konkordanz und Konfliktlinien in der Schweiz, 1945 bis 2003. Bern, Stuttgart und Wien 2007; Clive H. Church, «Switzerland: A Paradigm in Evolution», in: Parliamentary Affairs 53, 2000, 96–113; Jürg Steiner, «The Consociational Theory and Switzerland – Revisited Thirty Years Later», in: Acta Politica 37, 2002 (1): 1–21; Adrian Vatter, «Vom Extremtyp zum Normalfall? Die schweizerische Konsensusdemokratie im Wandel», in: Swiss Political Science Review 14 (1), 2008: 1–49.

46
Vgl. etwa die Analyse Hermann Lübbes: «Volksrechte sind traditionsreiche Rechtsinstitute. Noch in der Frühgeschichte der zweiten deutschen Demokratie konnte man diese Volksrechte von Experten des Verfassungsrechts als ehrwürdige historische Relikte erläutern hören, die für das politische Management komplexer technischer Zivilisationen nicht taugen und in sehr grossen Gesellschaften erst recht nicht. In Deutschland wurde in Abwehr von Vorschlägen zur Institutionalisierung von Volksrechten sogar das historische Nonsens-Argument nicht verschmäht, die Erinnerung an die totalitären Massenakklamationen erzwängen im Interesse der Sicherung von Freiheit und Recht ein von plebiszitären Elementen konsequent gesäubertes, strikt repräsentatives Verfahren zur Feststellung und Exekution des Volkswillens. Inzwischen belehren uns aktuelle verfassungsrechtspolitische Prozesse auf allen gebietskörperschaftlichen Ebenen darüber, dass Volksrechte unbeschadet ihrer vormodernen Ursprünge gerade nicht ein Relikt, vielmehr ein institutionell unentbehrliches Element in der Selbstorganisation zivilisatorisch hochentwickelter Gesellschaften sind. Das hat mit

Anmerkungen

Volksromantik nationalsozialistischer oder internationalsozialistischer Prägung nicht das geringste zu tun. Es handelt sich vielmehr um eine Konsequenz des Faktums, dass in modernen komplexen Gesellschaften mit ihren grossräumig expandierenden wechselseitigen Abhängigkeiten der Legitimationsbedarf anstehender politischer Entscheidungen wächst. Die Betroffenheiten der Bürger von den Nützlichkeiten und Nachteilen dieser Entscheidungen sind in komplexen Gesellschaften aus der Perspektive der Zentralen fortschreitend weniger genau kalkulierbar. Die Ergebnisse von Abstimmungen summieren und repräsentieren dann die einschlägigen Meinungen der betroffenen Bürger, und sie tun es deutlicher als Wahlen allein es könnten. Man kann auch sagen: In zivilisatorisch hochmodernen Gesellschaften werden Volksrechte zum unentbehrlichen Instrument der Informationserhebung und der politischen Informationsverarbeitung Lebensverhältnisse betreffend, deren Kenntnis sich schliesslich am besten, ja einzig betroffenheitspraktisch gewinnen lässt.» Aus: Hermann Lübbe,
Die Zivilisationsökumene. Globalisierung kulturell, technisch und politisch, *2005, S. 90 f.*

[19]
Der Autor

Georg Kohler

Prof. Dr. phil., lic. Iur.

Geboren 1945, Studium der Philosophie und Jurisprudenz in Zürich und Basel, Promotion 1977 (Zürich), Habilitation 1987 (Zürich). 1981–1991 Tätigkeit als Publizist und in der Geschäftsleitung eines Familienunternehmens in Wien. Von 1992 bis 1994 Vertretungsprofessur für politische Philosophie und Theorie am Geschwister-Scholl-Institut der LMU München. Seit 1994 Professor für Philosophie mit besonderer Berücksichtigung der politischen Philosophie an der Universität Zürich.

Buchpublikationen (u. a.):

Geschmacksurteil und ästhetische Erfahrung. Beitrag zur Auslegung von Kants «Kritik der ästhetischen Urteilskraft» (1980)

Handeln und Rechtfertigen. Untersuchungen zur Struktur der praktischen Rationalität (1988)

Die schöne Kunst der Verschwendung. Fest und Feuerwerk in der europäischen Geschichte (Hrsg., 1988)

Diskurs und Dezision. Politische Vernunft in der wissenschaftlich-technischen Zivilisation – Hermann Lübbe in der Diskussion (Mithrsg., 1990)

Die Folgen von 1989 (Mithrsg., 1994)

Die Melancholie des Detektivs. Essays (1994)

Scheitert die Schweiz? Eine szenische Befragung (1998)

Der Autor

Die Schweiz – für Europa? Über Kultur und Politik
(Mithrsg., 1998)

Expo-Syndrom? Materialien zur Landesausstellung 1883–2002
(Mithrsg., 2002)

Konturen der neuen Welt(un)ordnung. Beiträge zu einer Theorie der normativen Prinzipien internationaler Politik (Mithrsg., 2003)

Über das Böse, das Glück und andere Rätsel. Zur Kunst des Philosophierens (2005)

Wozu Adorno? Beiträge zur Kritik und zum Fortbestand einer Schlüsseltheorie des 20. Jahrhunderts (Mithrsg., 2008)

DIE NEUE POLIS ist Plattform für wichtige staatsrechtliche, politische, ökonomische und zeitgeschichtliche Fragen der Schweiz.

Bisher sind in dieser Reihe erschienen:

Schweiz – Europa: wie weiter?
Kontrollierte Personenfreizügigkeit
Georg Kreis (Hrsg.)
Mit Beiträgen von Laurent Goetschel,
Georg Kreis, Christa Tobler und Rolf Weder
164 Seiten
ISBN 978-3-03823-518-7

Erprobt und entwicklungsfähig
Zehn Jahre neue Bundesverfassung
Georg Kreis (Hrsg.)
Mit Beiträgen von Thomas Cottier, Bernhard Ehrenzeller, Astrid Epiney, Martin Graf, Kurt Imhof, Arnold Koller, Heinrich Koller, Georg Kreis, Luzius Mader, Giusep Nay, Leonhard Neidhart, René Rhinow, David Tréfás
204 Seiten
ISBN 978-3-03823-519-4

Die demokratische Verfassung
Von der Selbstbestimmung der Menschen in den notwendigen Ordnungen des Zusammenlebens
2., überarbeitete Auflage
Jörg Paul Müller
176 Seiten
ISBN 978-3-03823-523-1

NZZ Libro – Buchverlag Neue Zürcher Zeitung
www.nzz-libro.ch